DAXING QIAOLIANG XIANGMU

SHEHUI WENDING FENGXIAN PINGGU LILUN FANGFA YU SHIJIAN

大型桥梁 项目

社会稳定风险评估理论方法与实践

主　编　张伟宏

副主编　杨　军　聂　帅　吴　勇

主　审　黑龙江省工程咨询评审中心党委

知识产权出版社

全国百佳图书出版单位

图书在版编目（CIP）数据

大型桥梁项目社会稳定风险评估理论方法与实践/张伟宏主编.—北京：知识产权出版社，2018.10

ISBN 978-7-5130-5906-0

Ⅰ.①大… Ⅱ.①张… Ⅲ.①桥梁工程－社会稳定－风险评价 Ⅳ.①U447

中国版本图书馆CIP数据核字(2018)第233002号

内容提要

本书以大型桥梁项目为案例，从社会稳定风险评估角度出发进行了实证研究，并给出其中的关键坏节和实际操作方法。力图通过本书的研究及早发现各类社会稳定风险潜在隐患，防范社会群体性事件的发生。

本书适合各级政府相关工作人员、从事相关专业的工程咨询人员、从事相关领域研究的学者以及高校相关专业的学生阅读。

责任编辑：田 姝 彭喜英　　　　　责任印制：孙婷婷

大型桥梁项目社会稳定风险评估理论方法与实践

主　编　张伟宏
副主编　杨 军 聂 帅 吴 勇
主　审　黑龙江省工程咨询评审中心党委

出版发行：知识产权出版社 有限责任公司	网　　址：http://www.ipph.cn		
电　　话：010-82004826	http://www.laichushu.com		
社　　址：北京市海淀区气象路50号院	邮　　编：100081		
责编电话：010-82000860转8539	责编邮箱：pengxy@cnipr.com		
发行电话：010-82000860转8101	发行传真：010-82000893		
印　　刷：北京九州迅驰传媒文化有限公司	经　　销：各大网上书店、新华书店及相关专业书店		
开　　本：720mm×1000mm　1/16	印　　张：9.25		
版　　次：2018年10月第1版	印　　次：2018年10月第1次印刷		
字　　数：149千字	定　　价：45.00元		

ISBN 978-7-5130-5906-0

前　　言

2012年，国家发展和改革委员会出台了《重大固定资产投资项目社会稳定风险评估暂行办法》和《重大固定资产投资项目社会稳定风险分析篇章和评估报告编制大纲（试行）》，将社会稳定风险分析和评估作为重大固定资产投资项目审批的前置要件。

本书编写人员主持完成了多项大型工程项目的社会稳定风险分析和评估工作，积累了较为丰富的社会稳定风险分析和评估实操经验。本书以大型桥梁项目为研究案例，重点分析了由于大型桥梁建设引起的潜在社会稳定风险以及应采取的应对措施。本书分为大型工程项目社会稳定风险评估概述、大型工程项目社会稳定风险评估理论方法及探索、大型桥梁项目社会稳定风险评估实证研究三个专题，希望对相关从业者、研究人员和专家学者提供一些参考和借鉴。

目 录 CONTENTS

第一专题　大型工程项目社会稳定风险评估概述

1.1　依据和意义

在大型工程项目前期谋划、工程施工、建成运营过程中，作为投资主体的政府，往往更重视项目的投资强度、建设规模、工程方案，以及建成后的经济社会效益等内容，强调方案的合理性。政府作为决策的主体，在决策过程中较少考虑相关利益群体的意见和诉求。相关利益群体缺乏相应的表达渠道，一定程度上加剧了"由于项目建设而引发社会不稳定事件"的潜在风险。项目审批后，直接的后果就是由于工程建设引发群体性事件。政府作为投资者，以群众利益为出发点和落脚点，不希望工程建设引发群体性事件，国家投资主管部门决定编制社会稳定分析专题，并将其作为工程可行性研究报告审批的前置要件。

固定资产投资项目社会稳定风险分析及其篇章编制，应依据法律、法规、规章和规范性文件、拟建项目所在地区的社会稳定风险评估要求，以及拟建项目建设方案等相关资料开展工作。编制依据主要包括：相关法律、法规、规章、规范性文件以及其他政策性文件；项目单位的委托合同；项目单位提供的拟建项目基本情况和风险分析所需的必要资料；拟建项目与社会稳定风险评估有重要关联的前置审批文件落实情况。

根据国家发展和改革委员会印发的《国家发展改革委重大固定资产投资项目社会稳定风险评估暂行办法》（发改投资〔2012〕2492号）的文件精神，重大事项均要进行社会稳定风险分析。社会稳定风险是指与人民群众利益密切相关的重大决策、重要政策、重大改革措施、重大工程建设项目以及与社会公共秩序相关的重大活动等重大事项在制定出台、组织实施或审批审核前，对可能影响社会稳定的因素开展系统的调查、科学的预测和分析，制定风险应对策略和预案，以有效规避、预防、控制重大事项实施过程中可能产生的社会稳定风险，确保重大事项顺利实施。建立和推行社会稳定风险分析机制，目的在于使各级政府部门在决策时，充分考虑社会的承受能力，妥善照顾各方面的利益诉求，广泛听取各方面的意见，充分考虑不同群体的利益；在实施重大项目时认真研究、科学论证，真正实现经济社会科学发展。把社会稳定问题考虑在前，预测防范风险、控制化解风险，消除和减少各种不稳定因素。

社会稳定风险评估为两阶段工作，即项目社会稳定风险分析和项目社会稳定风险评估。项目单位在组织开展重大项目前期工作时，应当对社会稳定风险进行调查分析，征询相关群众意见，查找并列出风险点、风险发生的可能性及影响程度，提出防范和化解风险的方案措施，提出采取相关措施后的社会稳定风险等级建议。社会稳定风险分析应当作为项目可行性研究报告、项目申请报告的重要内容并设独立篇章。在社会稳定风险分析报告出具明确结论的基础上，由项目所在地人民政府或其有关部门指定的评估主体组织对项目单位做出的社会稳定风险分析开展评估论证，其根据实际情况可以采取公示、问卷调查、实地走访和召开座谈会、听证会等多种方式听取各方面意见，分析判断并确定风险等级，提出社会稳定风险评估报告。评估报告的主要内容包括：项目建设实施的合法性、合理性、可行性、可控性，可能引发的社会稳定风险，各方面意见及其采纳情况，风险评估结论和对策建议，风险防范和化解措施以及应急处置预案等。

1.2　国内外研究现状综述

对工程项目进行社会稳定风险评估起源于20世纪30年代的保险领域。本书从国内外大型工程项目社会影响评价、大型工程项目社会稳定风险评估和社会稳定风险预警机制三方面展开论述。

1.2.1　国内外大型工程项目社会影响评价研究

随着社会发展观从"以经济增长为中心"到"以人为中心"，再到20世纪90年代的"以人为中心的可持续发展"，工程项目社会影响评价与经济评价、环境评价一样为国际社会越来越重视，它与可持续发展是密切相关的。一个工程项目的完整评价应该包含财务评价、国民经济评价、环境评价和社会影响评价四个层次，其中社会影响评价居于最高层面。对工程项目社会影响评价法定要求的日益增强，已经激起了学术界和社会机构对社会影响评价的积极研究和探讨。

1.2.1.1　社会影响评价的起源与发展

工程项目社会影响评价理论与方法的发展，与世界发展密切相关，迄今已经历了三个阶段：20世纪50年代以前，各国推行经济评价；50年代以后，国民经济评价形成并盛行；自60年代以来，各种社会评价的理论与方法逐渐形成并得到发展。因此，一般认为，社会影响评价始于20世纪60年代，其诞生以美国国会1969年通过的《国家环境政策法案》（NEPA）为标志。该法案规定美国联邦政府投资或实施的所有项目和规划必须事先进行环境影响评价，提供环境影响报告书。这里的环境包括自然环境和人文社会环境，因此，初期的社会影响评价被包含在环境影响评价之中，后来才逐步独立出来。如芬斯特布斯（Finsterbusch，1980）指出，"该法案中的环境影响评价（EIA），即评价所有活动对环境的影响……社会环境包括在环境概念中。因此，社会影响评价包括在环境影响评价中"。萨利姆·蒙特兹（Salim Momtaz，2004）则指出，社会影响评价作为一个独立的领域应用于社会科学，最初的原因是《国家环境政策法案》实施中，环境影响评价（EIA）不能充分关注社会问题。在美国，社会影响评价最先被应用于水资源开发项目，之后推广到城市建设、土地资源管理等项目中。

20世纪70年代后期，许多发达国家和一些发展中国家将社会影响评价作为对因项目引发导致的社会问题进行专门评价的一种方法。自1975年起，美国在对外援助项目上就已开展了社会影响评价工作。英国在当时也开始了项目的社会分析。1994年5月，美国颁布了社会影响评价（SIA）指南和原则，之后部分高校将SIA作为社会学研究生的一门课程。与此同时，世界上一些重要的机构和组织也相应规定要进行项目社会评价。1977年，联合国工会组织与阿拉伯国家工业发展中心联合编制了《工业项目评价手册》，其中设置了社会评价指标，如就业效果、分配效果、国际竞争力等。随后，世界银行在向发展中国家投资时也要求进行社会评价。成立于1981年的国家影响评价协会（International Association for Impact Assessment，IAIA）是促进影响评价的最主要机构，它通过研究、训练、方法的开发和社区组织促进影响评价。在20世纪80年代至90年代初，加勒比海发展银行、泛美开发银行、亚洲发展银行等组织建立了社会发展部门。世界银行于1997年成立社会发展部门，于2002年8月制定了社会分析范例手册，强化了项目社会评价的作用。

国内对工程项目社会影响评价的研究起步较晚，根据文献资料检索，在中国介绍社会影响评价始于20世纪80年代末；系统进行项目社会影响评价研究始于20世纪90年代初，且集中在农业及交通等基础设施方面。国家先后颁布了《中华人民共和国环境保护法（试行）》《国民经济调整时期加强环境保护工作的决定》《关于建设项目进行可行性研究的试行管理办法》，其中均规定项目可行性研究报告中要进行社会效果评价等。在中国，介绍社会影响评价的标志成果是国家发展改革委的《大型工程项目社会评价指南》和建设部标准定额研究所的《大型工程项目社会评价方法》。之后，相关部门及科研人员陆续进行了行业的或项目的社会影响评价研究，部分理论与方法已应用到了实际项目中，并取得了显著效果，如对三峡工程和南水北调工程的社会评价研究，即收到了比较理想的效果。特别是世界银行、亚洲银行的一些贷款项目已做过的社会评价，对于不断完善中国项目社会影响评价的理论和方法起到了极其重要的作用。2002年，国家发展改革委正式将项目社会影响评价列为项目评价重要内容之一，这是中国社会影响评价发展的一个里程碑。随着社会发展以人为本和可持续发展原则的确立，工程项目评价已从单一的经济评价，发展到经济、技术、环境和社会等方面的评价，但仍以经济、技术评价为基础。而世界大坝委员会项目决策考虑的次序为：社会评价—生态环境评价—经济与财务评价—管理评价—技术评价。这就体现了一种发展趋势，社会影响评价将在项目评价体系与决策中扮演越来越重要的角色。

1.2.1.2 社会影响评价的主要内容

在项目社会影响评价的内容上，国内外学者、专家的观点不尽一致，所提出的项目社会影响评价体系的维度和内容存在着显著的差异。

关于社会影响的评价变量和指标体系，各国学者和机构都已拥有较丰富的研究成果。例如，社会影响评价指导方针和原则国际组织委员会提出的五大类共32项社会影响评价变量。一是人口特征。其包括人口规模、密度和变化，种族和宗教信仰的分布状态，移民，流动人口，季节性居民。二是社区和制度化的结构体系。包括志愿组织、社团活动、地方政府的规模和结构、变化历程、就业/收入特征、弱势群体公平的就业权利、地方/区域/国家的联系、产业/商业的多样性、规划和区域活动。三是政治和社会资源。包括权利和权威的分配、新移民和原住民的冲突、资金的证明/鉴定、感兴趣和受影响的政党、领导能力和特征、国际组织的合作。四是社区和家庭的变化。包括对风险、健康和安全的感知，对迁移和拆迁的关注，对政治和社会制度的信任，居住的稳定性，相识的密度，对政策/工程的态度，家庭和友谊网络，对社会福利的关注。五是社区资源。包括社区基础设施的改变，本地人口，土地利用方式的改变，对文化、历史、宗教和考古学资源的影响。其他还有 Taylor 等（1990）提出的四类变量（人口变化，生活方式，态度、信仰和价值观，社会组织），Burdge（1994）提出的五类变量（人口影响、社区和机构安排、地方居民和新移民的冲突、个体和家庭层面的影响、社区基础设施需求），以及国际影响评价协会（IAIA，2003）总结的八类变量（人们的生活方式，文化，社区，政治系统、环境，健康和福利，个人和财产权利，担心和期望）等。

国内该领域研究比较有代表性的观点有以下几种。

第一种观点认为，社会影响评价的主要内容是项目对项目所在社区可能产生的影响和社会问题，也就是狭义的社会影响评价。例如，李玉琦（1995）认为，社会影响评价的主要内容是项目对"人民的影响"的评价，即分析政策、项目、规划或方案可能的后果对人民有什么影响，包括对个人、组织和社区的影响。张建军（2003）认为，社会影响评价的内容则是集中分析拟议中的项目与当地社会、人文环境之间的相互作用，预测项目的实施对人民生活、社区结构、人口、收入分配、福利、健康、安全、教育、文化、娱乐、风俗习惯及社区凝聚力等方面有可能产生的影响及社会问题，以及如何在决策中考虑这些影响。

第二种观点认为，社会影响评价的主要内容是项目对项目所在社区可能产生的影响和社会问题，以及项目与当地相互适应性分析。例如，罗时磊（2005）认为完整的社会评价至少包括两个方面的内容：一是对项目利益相关者的评价；二是对项目所在地区人口社会、生产活动社会组织的评价。陈阿江（2002）认为社会评价包括以下一些内容：一是项目社会影响分析；二是利益相关者分析；三是土地与居民生计；四是项目机构；五是少数民族发展；六是结论与建议。

第三种观点认为，社会评价的内容包括项目的社会影响分析、项目与所在地区相互适应性分析和社会风险分析。产生上述差异的主要原因，是由于在项目社会评价中存在着两种不同的研究范式。欧美学者和机构的社会影响分析以社会学和人类学为基础，提出"项目社会"的理念，因而引入社会学家和公众参与分析，应用社会学和人类学的方法对项目进行社会影响评价。中国的项目社会影响评价，主要还是以经济学或技术经济学作为理论基础，把项目社会影响评价作为国民经济评价中的社会效益分析，社会影响评价的内容比较狭窄。

1.2.1.3　社会影响评价的研究方法

工程项目的社会影响评价涉及众多社会因素，很难用统一的方法、指标进行全面评价，应根据项目的具体情况采取灵活的评价方法。社会影响评价一般都是采取定量分析与定性分析相结合、多目标综合评价的方法。早期的社会影响评价主要是采取定性分析评价，定性分析是用文字对项目产生的社会效益或负效应进行描述性评价，如快速社会评价法。社会影响评价具有多目标性，评价内容广泛、繁杂，由于定性分析的主观性太强，评价结果不精确，随后定量分析引入社会影响评价中，定量分析和定性分析之后应进行综合评价，以判断项目的综合社会效应，从而确定其社会可行性。定量分析是对工程项目产生的社会效益和影响中能直接或间接量化的部分进行定量计算和分析，其基本原理是社会费用效益分析理论，即将实施工程项目所产生的社会效益与为实施项目所付出的社会代价相比较。如详细社会评价法就是采用定量与定性分析相结合的方法。

贝克尔等在其理论性和应用性都较强的著作《国际社会影响评价手册：概念和方法论的发展》中，分析了多种参与方法以及计算机为基础的定量方法、地理信息系统分析方法、社会经济模型、计算机模拟和公共仲裁等方法在社会影响评价中的应用。楼惠新（2001）对农业项目社会评价方法进行了总结，主要包括农民参与社会评价、专家系统法、有无对比分析法、多目标定量分析综合评价法、数据包络分析法和能值分析方法六种，并对每一种方法进行了解释。赵玉生（2002）提出在公路工程项目中常用的综合评价方法有三种，即矩阵分析总结评估法、评分法和层次分析法。

综观国内外进行社会影响评价的各种方法，大致可以分为两大类：一是从收集社会基础数据的角度，其方法主要包括文献调查法、问卷调查法、专家讨论法、访谈法、参议式观察法、实验观察法和现场观察法；二是从对项目进行社会评价具体操作的角度，主要包括确定评价的基准线调查法、有无对比分析法、逻辑框架法、利益群体分析法、排序打分法、财富排序法和综合分析评估法。无论哪一种方法，都包括了指标的评价方法和各项指标的综合集成。根据工程项目社会影响评价的技术思路，采用定量和定性两条途径分别对工程项目社会影响因素进行评价，然后根据定量指标和定性指标的评价结果进行综合集成，得出工程项目社会评价的最终结果。

1.2.2　大型工程项目社会稳定风险评估研究

大型工程项目社会稳定风险评估是项目社会影响评价体系的重要组成部分，是防范社会风险的一项重要制度性措施。在现有的研究中，大型工程项目的社会稳定风险评估经常被涵盖入重大事项等概念的阐述中。所谓重大事项是指涉及广大群众利益的重大决策、重大政策、大型项目和重大改革等。对于重大事项的社会稳定风险评估的研究述评主要集中于理论探索和实证报告两类研究成果。

1.2.2.1　大型工程项目的社会稳定风险评估的理论探索

陈静（2010）认为，重大事项社会稳定风险评估制度是对重大事项可能引发的社会不和谐因素进行先期预测、先期研判、先期介入，提前消除社会不稳定因素，增加稳定因素，增强社会和谐。她认为建立社会稳定风险评估制度需解决六类问题：明确社会稳定风险评估的独立地位；社会稳定风险评估制度的建立需要各级政府的大力支持；社会稳定风险评估责任主体的确定要合理；重大事项利益相关者的确定要准确；畅通依法有序的信息公开和民意表达渠道；社会稳定风险等级的划分要准确。

杨雄等（2010）认为，重大项目社会稳定风险评估是在与民生密切相关的重大决策、重大项目等出台或审批前，对可能影响社会稳定的因素进行科学、系统的预测、分析和评估，制定风险应对策略和预案，以有效规避、预防、降低、控制和应对可能产生的威胁社会稳定的风险。评估"重大项目社会稳定风险"关键在于两个"变量"：一是看重大项目实施是否具备支持性的外部环境；二是看重大项目本身的合理、合法性，尤其是重大项目能否被利益主体所接受，是否会引起利益矛盾。他认为重大项目社会稳定风险评估内容主要包括五个方面：重大项目实施的合法性；重大项目实施出台的合理性；重大项目实施的重要依据是否具备；重大项目对环境保护和安全生产的影响；重大项目实施过程中是否产生影响社会稳定的问题。

吴智文等（2009）认为，重大事项社会稳定风险评估制度是指对重大事项在制定、出台及实施后可能发生危害社会稳定的诸因素进行分析，评估其发生危害社会稳定的频率，对不同的风险进行管理，做好危机预防及计划准备工作，采取切实可行的措施防范、降低、消除危害社会稳定的风险。从评估的具体内容来看，主要包括六个方面的内容：重大事项的合法性；重大事项的合理性；重大事项出台的条件；重大事项涉及的环境问题；重大事项涉及的社会治安问题；重大事项实施过程中可能出现的其他影响社会稳定的问题。

而对于重大项目社会稳定风险评估的操作程序，相关研究均表明应遵循四个基本步骤：第一，风险识别。在责任部门的牵头下，召集由相关政府管理部门、维稳部门、有关专家、相关地区和基层干部代表等组成的评估小组。第二，风险分析。分析现有管理条件下突发事件发生的可能性，以及潜在的后果和影响范围。第三，风险等级。在分析突发事件发生可能性与事故后果的基础上，评价事故风险的大小，按照事故风险的标准值进行风险分级，以确定管理的重点。第四，风险控制。排除或减少突发事件发生的可能性，对不可排除的风险采取防范措施。

1.2.2.2　大型工程项目的社会稳定风险评估的实证研究

在大型工程项目的社会稳定风险评估的实践中，一般是由各级政法委和维稳办牵头，由公安、发展改革委等部门和乡镇（街道）对建立重大事项社会稳定风险评估机制开展调研；评估的内容为重大事项的合法性、合理性、可行性和可控性等四个方面，评估程序一般按确定事项、提交申请、调研评估、提请审查、组织会审、做出决定、制定措施、控制风险等步骤来具体展开。评估决定的结果则在由牵头部门组织进行慎重而翔实的调研、评估、审查、会审等工作基础上，对没有稳定风险的重大事项，做出可以实施的决定；对存在重大稳定隐患的重大事项，做出暂不实施的决定；对存在稳定隐患但在可控范围内的重大事项，做出暂缓实施或采取调整完善、宣传教育、疏导化解、防范稳控等工作措施后再实施的决定。

各地政府对具有区域特色的重大事项社会稳定风险评估制度积极探索，也给该领域的研究带来独特的视角和鲜活的实证材料。如淮安市在重大事项社会稳定风险评估实践中，摸索总结出了"五步工作法"：第一步，确定评估对象，制定评估方案；第二步，收集社情民意，进行重点论证；第三步，汇总分析论证，编制评估报告；第四步，运用评估结论，落实维稳措施；第五步：跟踪评估事项，确定了不同的维稳重点。针对大型工程项目，主要看其是否履行了审批、核准、备案的法定程序，项目实施的资金能否得到落实，项目实施是否进行了生态、人居等环境影响评估，涉及征地、拆迁、移民等补偿安置是否合法合理。

浙江在全省90个县（市、区）制定出台了重大事项社会稳定风险评估实施办法，并对重大事项社会稳定风险评估进行了实际操作。其特色体现为三个方面：一是评估工作立足县级。把维稳工作重心下移、关口前移，突出抓好县级重大事项社会稳定风险评估工作。二是责任主体立足部门。重大事项决策的提出部门、政策的起草部门、项目的申报审批部门、改革的牵头部门、工作的实施部门是负责组织实施重大事项社会稳定风险评估的责任主体。三是责任追究，立足倒查。对应评估而未评估，或防范化解工作不到位，引发不稳定问题和群体性事件，追究有关单位领导和相关人员的责任。

1.3 编制主要内容和要点

拟建项目社会稳定风险评估报告应包括基本情况、评估内容、评估结论等。

1.3.1 基本情况

——项目概况。简述项目基本情况，主要包括：项目单位、拟建地点、建设必要性、建设方案、建设期、主要技术经济指标、环境影响、资源利用、征地搬迁及移民安置、社会环境概况（含当地经济发展及社会治安、群体性事件、信访等情况）、投资及资金筹措等内容。

——评估依据。社会稳定风险评估工作所依据的相关法律、法规和规范性文件等；国家出台的区域经济社会发展意见、国务院及有关部门批准的相关规划、采用的项目所在地人民政府确定的社会稳定风险评判标准或指标体系。

——评估主体。拟建项目的评估主体指定方、评估主体的组成及职责分工，并具体说明其相关部门、社会组织、专业机构、专家学者、群众代表等参与评估工作情况。

——评估过程和方法。简述评估工作的程序、步骤和主要过程；说明评估工作所采用的主要方法。

1.3.2 评估内容

——风险调查评估及各方意见采纳情况。阐述对社会稳定风险分析篇章中风险调查的广泛性、代表性、真实性等进行评估的过程和结果。说明评估主体根据实际需要直接开展或者要求项目单位开展补充风险调查的情况。对收集的拟建项目各方面意见进行梳理和比较分析，形成能够反映实际情况的信息资料，并阐述其采纳情况。

——风险识别和估计的评估。一是风险识别评估。对风险分析篇章中风险识别的完整性和准确性提出评估意见；根据风险调查评估结果，对拟建项目可能引发的主要社会稳定风险因素进行补充完善，并汇总。二是风险估计评估。对风险分析篇章中风险估计的客观性、分析内容的完备性、分析方法的适用性提出评估意见；预测估计主要风险因素发生概率、影响程度和风险程度。

——风险防范和化解措施的评估。对社会稳定风险分析篇章中提出的风险防范、化解措施进行评估，并补充完善。针对拟建项目可能引发的社会稳定风险，进一步补充完善和明确落实各项防范、化解措施的责任主体和协助单位、具体负责内容、风险控制节点、实施时间和要求。

——落实措施后的风险等级确定。对风险分析篇章中风险等级判断方法、评判标准的选择运用是否恰当、风险等级判断结果是否客观合理提出评估意见；结合补充的重要风险因素，综合以上评估结果，确定项目落实防范、化解风险措施后的项目风险等级。

1.3.3　评估结论

评估结论主要包括：拟建项目存在的主要风险因素；拟建项目合法性、合理性、可行性、可控性评估结论；拟建项目的风险等级；拟建项目主要风险防范、化解措施；根据需要提出应急预案和建议。

1.3.4　评估程序

（1）制订评估工作方案。评估主体应首先制定评估工作方案。评估工作方案应明确风险评估的组织机构、职责分工、工作进度、工作方法与要求、拟征询意见对象及方法、风险评估报告大纲等事项。

（2）收集和审阅相关资料。评估主体应全面收集并认真审阅社会稳定风险评估相关资料，主要包括但不限于以下文件：项目可行性研究报告、项目申请报告及其社会稳定风险分析篇章；国家和地方相关法律、法规和政策；拟建项目前期审批相关文件，包括城乡规划、国土资源、环境保护等部门出具的规划选址、用地预审、环境影响评价文件等；相关规划与标准规范；同类或类似项目决策风险评估资料等。

（3）充分听取意见。根据对拟建项目社会稳定风险分析篇章的审阅结果，结合项目所在地的实际情况，根据需要补充开展民意调查，向受拟建项目影响的相关群众了解情况，对受拟建项目影响较大的群众、有特殊困难的家庭要重点走访，当面听取意见。听取意见要注意对象的广泛性和代表性，注意方式方法，确保收集意见的真实性和全面性；讲清项目相关的法律和政策依据、项目方案、项目建设和运行全过程可能产生的影响，以便群众了解真实情况、表达真实意见。

（4）全面评估论证。分门别类梳理各方意见，参考相同或类似项目引发社会稳定风险的情况，重点围绕拟建项目建设实施的合法性、合理性、可行性、可控性进行客观、全面的评估论证；对拟建项目所涉及的风险调查、风险识别、风险估计、风险防范和化解措施、风险等级评判等内容逐项进行评估论证，特别是对风险因素、风险发生概率、可能引发矛盾纠纷的激烈程度和持续时间、涉及人员数量、可能产生的各种负面影响以及相关风险的可控程度进行评估论证。

（5）确定风险等级。根据项目所在地人民政府确定的社会稳定风险评估指标或评判标准，在综合考虑各方意见和全面分析论证的基础上，按照《国家发展改革委重大固定资产投资项目社会稳定风险评估暂行办法》的风险等级划分标准，对拟建项目的社会稳定风险等级做出客观、公正的评判，确定项目社会稳定风险的高、中、低等级。

1.4　实际操作的具体流程和深度要求

1.4.1　评估要点

　　评估主体应在对社会稳定风险分析篇章整体把握的基础上，根据拟建项目的实际情况，重点围绕拟建项目建设实施的合法性、合理性、可行性、可控性进行评估论证。

　　（1）合法性。主要评估拟建项目的建设实施是否符合现行相关法律、法规、规范以及国家有关政策；是否符合国家与地区国民经济和社会发展规划、产业政策等；拟建项目相关审批部门是否具有相应的项目审批权并在权限范围内进行审批；决策程序是否符合国家法律、法规、规章等有关规定。

　　（2）合理性。主要评估拟建项目的实施是否符合科学发展观要求，是否符合经济社会发展规律，是否符合社会公共利益、人民群众的现实利益和长远利益，是否兼顾了不同利益群体的诉求，是否可能引发地区、行业、群体之间的相互盲目攀比；依法应给予相关群众的补偿和其他救济是否充分、合理、公平、公正；拟采取的措施和手段是否必要、适当，是否维护了相关群众的合法权益等。

　　（3）可行性。主要评估拟建项目的建设时机和条件是否成熟，是否有具体、翔实的方案和完善的配套措施；拟建项目实施是否与本地区经济社会发展水平相适应，是否超越本地区财力，是否超越大多数群众的承受能力，是否能得到大多数群众的支持和认可等。

　　（4）可控性。主要评估拟建项目的建设实施是否存在公共安全隐患，是否会引发群体性事件、集体上访，是否会引发社会负面舆论、恶意炒作以及其他影响社会稳定的问题；对拟建项目可能引发的社会稳定风险是否可控；对可能出现的社会稳定风险是否有相应的防范、化解措施，措施是否可行、有效；宣传解释和舆论引导措施是否充分等。

1.4.2　风险调查评估

对风险调查的全面性进行评估，包括风险调查的内容和范围、调查的形式和方法是否恰当、合理、科学，是否达到广泛性和深入性的要求；对公众参与的完备性进行评估，包括拟建项目是否按照有关规定履行了公众参与、专家咨询、信息公开等程序性的要求；对风险调查结果的真实性和可信性进行评估，包括是否广泛听取了各方面意见，是否全面、真实反映了利益相关者合理和不合理、现实和潜在的诉求；在对社会稳定风险分析篇章评估的基础上，根据实际情况，可采取公示、问卷调查、实地走访和召开座谈会、听证会等方式进行补充调查，完善风险调查相关内容。

1.4.3　风险识别评估

结合风险调查评估结果，对社会稳定风险分析篇章中各风险因素识别的全面性和准确性进行评估。通过对有关社会经济调查及统计资料的分析，结合对项目经济影响评价、社会影响评价、环境影响评价、资源利用、土地房屋征收补偿和移民安置影响评价等相关评估结论，以及对公众参与的完备性程度等的评估，判断拟建项目是否存在被遗漏的重要风险因素，并补充识别被遗漏的重要风险因素。

1.4.4　风险估计评估

对分析篇章中选用的风险估计方法，对每一个主要风险因素所进行的分析推理过程，对预测估计的主要风险因素的风险发生概率、影响程度和风险程度是否恰当进行评估。补充分析篇章风险识别中遗漏的重要风险因素，对拟建项目可能存在的重要风险因素的性质特征、未来变化趋势及可能造成的影响后果进行分析评估，形成评估后主要风险因素的风险程度汇总表。

1.4.5　关于风险防范、化解措施评估

对分析篇章中提出的风险防范、化解措施是否与现行的相关政策和法规相符，进行合法性的评估。对分析篇章中提出的风险防范、化解措施是否有遗漏，进行系统性、完整性的评估。对分析篇章中提出的风险防范、化解措施是

否具有明确的责任主体、职责分工以及时间进度安排，是否全面、合理、可行、有效进行评估。结合风险识别和风险估计评估结论，补充、优化和完善风险防范、化解措施，进一步明确责任主体等内容，编制经评估的风险防范、化解措施汇总表，并提出综合评估意见。

1.4.6 落实措施后的风险等级评估

在风险防范、化解措施评估的基础上，对分析篇章中采取措施后各主要风险因素变化的分析是否得当进行评估，提出评估意见。对分析篇章中采用的风险等级评判方法、评判标准的选择运用是否恰当，评判的结果是否合理提出评估意见。结合补充的主要风险因素和上述评估论证的结果，预测各主要风险因素可能变化的趋势和结果；通过分析变化情况，对落实措施后的风险等级进行综合判断，提出项目风险等级的评判结论。

1.4.7 其他说明

稳评报告应当在项目审批（核准）所需的各前置文件具备之后完成。该项目规划、土地、环评等已完成社会稳定风险专项评估的，在社会稳定情况未发生较大变化的前提下，其结论可以直接引用。

第二专题　大型工程项目社会稳定风险评估理论方法及探索

2.1　HHM-RFRM风险识别

2.1.1　等级全息建模方法概述

等级全息建模（Hierarchical Holographic Modeling，HHM）方法由Haimes于1981年提出，HHM可以通过全方位视角研究整个系统。等级全息建模技术是对大型、复杂、等级结构的项目进行风险辨识非常有用的工具。该方法是一种较为全面的思想和方法论，目的是捕捉和展现一个系统（在其众多的方面、视角、观点、维度和层级）的内在不同特征和本质。在等级全息建模的使用上，它利用系统不同层级的模型来寻求对同一个对象的不同方面的理解，进而对整体进行理解。HHM方法的核心是一个特殊的图表框架，将所识别的系统分为多个子系统，在分析所有子系统后，得到较为全面的整体风险清单。

"等级"是系统中风险的不同层面，展现了系统风险的多视角图像。对于一个复杂的大系统，为了完成风险评估，必须认识到不同层次等级的风险状况。对于宏观层次的风险分类比较明显，但是具体风险往往比较微观，容易被忽略，"等级"的思想就是将这种由不同等级层次的风险逐一列举并分析的过程。

"全息"是指当系统脆弱易引发风险时，从一个系统的多个视角来进行分析，不同视角的风险包括（但不限于）经济、技术、政治、社会等方面，从多维、多平面和多视角来确定风险的来源。具体桥梁建设项目在不同阶段会有不同的风险因素，尽管在实际工作中，"全息"可能会造成风险因素的冗余，但同时也保证了识别风险的完整性。

HHM对于分析复杂系统的风险建模具有很强的适应性。弗吉尼亚大学的风险管理中心用HHM方法对某大规模数据库获取项目的风险进行研究，确定了8个主要方面、250多种风险来源。另外美国用该方法分析非战争的军事行动，宋偁和马丽仪利用HHM-RFRM进行工程物流风险、卫星系统研制风险的识别与筛选，陈天平利用HHM进行信息系统风险识别等。

通过采用HHM，会产生大量的等级组成的风险情景。如果框架完备，任意等级层面的情景集合都会接近一个"完备集合"。

2.1.2 等级全息建模理论基础

2.1.2.1 风险界定

Kaplan和Garrick认为风险不是一个数字，也不是一条曲线或者一个向量，而应该是一个三元组的完备集。他们并对风险进行了如下定义：

$$R_{\text{risk}} = \left\{ \left[s_i, l_i, x_i \right] \right\} c \tag{2-1}$$

式中：R_{risk}——表示广义的风险；

s_i——第i个风险情景；

l_i——第i个风险发生的可能性；

x_i——第i个风险事件破坏性的结果，是一个损失指标；

c——完备集合。

2.1.2.2 常用的视角界定

等级全息建模是在理解风险的基础上，从多个视角观察系统进而了解每个风险的风险值大小和风险扩散机制的强弱。根据多视角论点，结合所研究系统确定常用的视角有以下几种。

技术分析视角（a）：技术分析视角是风险研究中最早出现的研究视角，在这种视角中，风险被简化为单一维度的概念。经济分析视角（e）：该视角认为风险本身是因某一事件或行动导致的预期效用损失，而风险治理的最终目标则是按照资源的社会效用最大化原则来分配这些风险和损失。管理分析视角（m）：在貌似"客观"的风险研究和治理过程的背后，实际隐藏着风险研究者和利益相关者群体之间的利益、价值和主观判断的争斗。社会分析视角（s）：社会学突破了传统的把风险视为潜在物质危害的技术定义，以及把风险视为危害程度与发生概率乘积的技术-经济定义。环境分析视角（h）：在不同的文化背景下，人们常常会有不同的风险认知结果以及不同的风险应对策略。

观察视角不同会产生不同的情景集合，结合风险定义，将风险定义式作如下改进：

$$
\left.
\begin{aligned}
R_a &= \left\{ \left[s_i, l_i, x_i \right] \right\} \cdots a_{te} \in A \\
R_e &= \left\{ \left[s_i, l_i, x_i \right] \right\} \cdots a_{ec} \in A \\
R_m &= \left\{ \left[s_i, l_i, x_i \right] \right\} \cdots a_{ps} \in A \\
R_s &= \left\{ \left[s_i, l_i, x_i \right] \right\} \cdots a_{po} \in A \\
R_h &= \left\{ \left[s_i, l_i, x_i \right] \right\} \cdots a_{so} \in A
\end{aligned}
\right\} \cdots R = \left\{ \left[s_i, l_i, x_i \right] \right\} \qquad (2\text{-}2)
$$

情景集 s_i 应有：

（1）完备性：$\{ a_a \bigcup a_e \bigcup a_m \bigcup a_s \bigcup a_h \} = A$；

（2）有限性：　实际项目中，风险情景包括所有分概念，应该是有限的；

（3）可分离性：　$a_i \bigcap a_j = \varnothing$。

2.1.3　利用RFRM方法的风险因素过滤

由于建设项目复杂，面临的风险因素众多，在分析项目风险制定风险应对策略时应考虑到时间和成本，对一些影响程度较小，发生概率很低或者项目不可能存在的风险应舍去考虑，着重对项目影响较大的风险要素进行管理。为了进一步识别主要风险，引入风险排序。而采用风险过滤、排序以及管理（RFRM）方法识别桥梁建设项目中每个阶段的风险因素，为项目风险管理形成一个全面的风险模型，在项目风险场景分析中建立风险因素的优先排序。

1991年前后，美国CRMES为美国国家航空航天局NASA开发了风险评级与过滤方法（Risk Ranking and Filtering Method，RFM），后经过改进，产生了风险过滤、排序以及管理模型（Risk Filtering，Ranking and Management framework，RFRM）。RFRM由八个主要阶段组成，在大型桥梁项目风险识别时只需重点考虑前四个阶段，风险等级参照之后的阶段进行。参照RFRM进行风险过滤的一般流程，结合大型桥梁建设项目特点，每一步骤需完成如下内容：

阶段1：通过建立的HHM框架识别所能识别的所有风险源。在此阶段识别出来的风险是参照计划和依据推测的，可能会出现不全面或者错误，该类错误主要来源于参照历史数据的陈旧，以及项目自身特殊性和历史、经济、环境等客观条件的变化。

　　阶段2：对风险进行第一次过滤。根据当前风险场景结合实际调查结果进行风险过滤，这一阶段主要采用定性的方法，依靠相关专家的经验和利益相关者的意见反馈，过滤掉明显对大型桥梁建设项目影响较小的风险，减少进入下一阶段风险因子的数量。

　　阶段3：利用风险矩阵过滤。该阶段使用风险矩阵进行风险的再次筛选，此处风险发生的可能性和影响程度参照标准见表2-1和表2-2。将上一阶段识别出的风险点放入风险矩阵图2-1，将微小风险舍去，较小风险有条件舍去。此阶段过滤是基于知识和决策水平的定性分析。

表2-1　单因素风险影响概率定性评判参考标准（p）

等级	影响概率定性评判标准	表示
很高	几乎确定	S
较高	很有可能发生	H
中等	有可能发生	M
较低	发生的可能性较小	L
很低	发生的可能性很小，几乎不可能	N

表2-2　单因素风险影响程度定性评判参考标准（q）

等级	影响程度定性评判标准	表示
严重	在全省或者更大的范围内造成一定的负面影响(社会稳定、形象方面)，需要长时间的努力才能消除，且付出巨大代价	S
较大	在全省造成一定的影响(社会稳定、形象方面)，需要较长时间才能消除，且付出较大代价	H
中等	在全省造成一定的影响(社会稳定、形象方面)，需要一定时间才能消除，且付出一定代价	M
较小	在当地造成一定的影响(社会稳定、形象方面)，但可在短期内消除	L
可忽略	在当地造成很小的影响，可自行消除	N

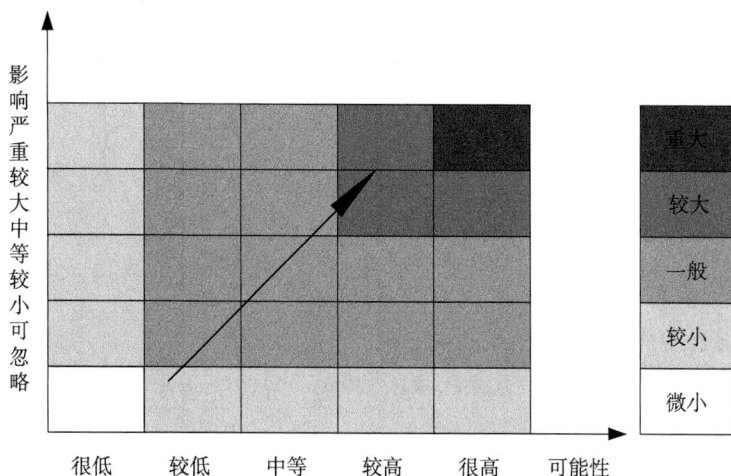

图 2-1 风险矩阵示意图

阶段 4：多标准评估。对于上一阶段筛选的风险因素，对每个场景考虑其系统的可复原性、健壮性、冗余性。风险筛选评价标准参照 11 项指标，并根据大型桥梁项目特点做了调整，如表 2-3 和表 2-4 所示，根据指标划分低、中、高等级，将低于设定范围的风险舍去。定量风险矩阵如图 2-2 所示。

表 2-3 击溃系统防御能力的风险情景 11 项标准

标准选项	评价指标
不可察觉性	某一情景的初始风险在损害发生前无法发现
不可控性	通过采取措施也没有控制方法阻止损害
多种故障方式	很多甚至未知的故障方式损害某一系统情景
不可逆性	不利条件无法恢复到原始状态的情景
影响持续时间	不利影响后果持续很长时间的情景
连锁影响	不利影响能够很容易地传播至其他系统的情景
运作环境	由于外部压力产生的情景
损耗	由于使用而导致系统性能降低的情景
人/组织	不利的影响后果通过多个系统间的交界得以放大的情景
复杂/紧急性行为	了解系统水平的行为潜能的构件和相互作用规律,仍不可预见的行为
设计不成熟度	系统设计缺乏已经被证明的情景

表2-4　项目标准评价情景

标准	高(5分)	中(3分)	低(1分)
不可察觉性	未知或不可察觉	察觉迟	察觉早
不可控性	未知或不可控制	不完善的控制	容易被控制
多种故障方式	未知或很多	较少	单一
不可逆性	未知或不可逆	部分可逆	可逆
影响持续时间	未知或很长	中	短
连锁影响	未知或很多连锁影响	很少联系	没有关联
运作环境	对运作环境敏感程度未知或者高	对运作环境敏感	对运作环境不敏感
损耗	未知或多	有一些	很少
人/组织	对交互界面敏感性未知或者高	对界面敏感	对界面不敏感
复杂性/紧急性行为	未知或者高复杂度	中等复杂	低复杂度
设计不成熟度	未知或者高度不成熟的设计	不成熟的设计	成熟设计

　　阶段5：量化风险并排序，对风险场景及风险权重确定通过德尔菲法完成，量化标准仍然选用大纲建议标准，如表2-5和表2-6所示。定量风险矩阵如图2-2所示。

表2-5　单因素风险影响概率定量评判参考标准（p）

等级	定量评判标准	表示
很高	81%~100%	S
较高	61%~80%	H
中等	41%~60%	M
较低	21%~40%	L
很低	0~20%	N

表2-6　单因素风险影响程度定量评判参考标准（q）

等级	定量评判标准	表示
严重	81%~100%	S
较大	61%~80%	H
中等	41%~60%	M
较小	21%~40%	L
可忽略	0~20%	N

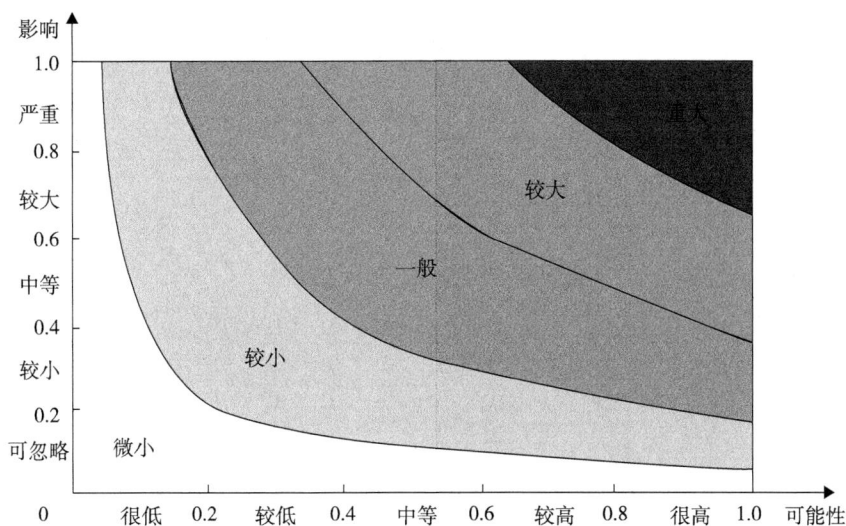

图2-2　定量风险矩阵图

在对单因素风险影响概率、风险影响程度量化后，应对整个因素进行评判，评价标准见表2-7，筛选舍去微小风险，较小风险有条件也要舍去。

表2-7　单因素风险等级综合评判参考标准（R）

等级	定量评判标准	影响程度	表示
重大风险	$R=pq > 64\%$	可能性很大,社会影响和损失大,影响和损失不可接受,必须采取积极有效的防范化解措施	S
较大风险	$R=pq > 36\%$	可能性较大,社会影响和损失较大,影响和损失可以接受,需采取一定的防范化解措施	H
一般风险	$R=pq > 16\%$	可能性不大,或社会影响和损失不大,一般不影响项目的可行性,应采取一定的防范化解措施	M
较小风险	$R=pq > 4\%$	可能性较小,或者社会影响和损失较小,不影响项目的可行性	L
微小风险	$R=pq \geqslant 0$	可能性很小,且社会影响和损失很小,对项目的影响很小	N

阶段6：风险管理，经过以上几个阶段，识别出现在时序所能预见到的主要风险，列出风险清单，制定相应的措施。

阶段7：对滤掉的风险因素跟踪观察，特别是发生概率低但有严重积累效应的风险。同时注意随着时序的推移，是否有新风险的产生。

阶段8：反馈阶段1。

在实际运用时，HHM框架确定后要通过进行充分的信息采集来使框架更加完善，同时HHM框架也是作为信息采集、实际调查的指导性框架，根据每一层次里的每一个子系统来进行信息采集，这样才能不会漏掉重要的风险点，如图2-3所示。

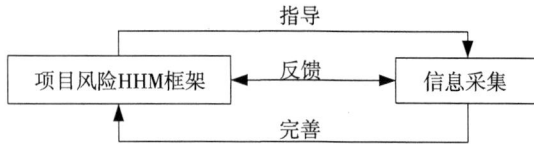

图2-3　HHM框架的反馈机制

综合以上步骤，应用于大型桥梁建设项目社会稳定风险分析的RFRM完整流程如图2-4所示。

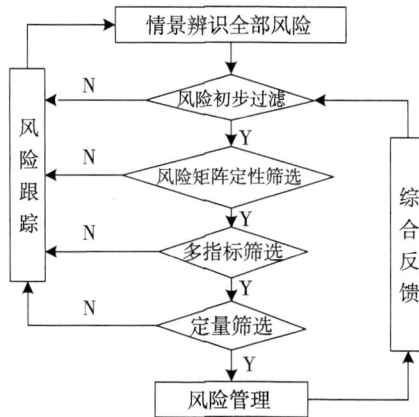

图2-4　RFRM风险识别流程

2.2　社会稳定风险发生概率的确定

2.2.1　德尔菲法

在实际工作中，风险事件的发生概率很难定量、准确地描述出来，用德尔菲法来确定风险事件发生概率简便可行，即通过将项目背景和进展情况发给这一领域的专家，进行匿名的多轮征询，不同的专家会趋向于给出一致的风险发生的可能性，即风险事件发生的概率。

2.2.1.1　德尔菲方法理论基础

德尔菲法（Delphi Method），由美国兰德公司于1950年创造，其本质上是一种反馈匿名函询法。德尔菲法既可用于预测，也可用于评估，国内外的应用经验表明，德尔菲法能够充分利用专家们的知识、经验和智慧，对实现决策的科学化具有重要意义。德尔菲法特别适用于缺少信息资源和历史数据，同时又较多地受到其他因素影响的信息分析与预测。德尔菲法通过对专家意见的多次收集，专家意见多次交互的循环过程，使分散的意见逐次收敛在协调一致的结论上，充分发挥了信息反馈和信息控制的作用。

德尔菲法通常具有以下特点。

①匿名性。采用匿名或背靠背的方式，能使每一位专家独立自由地做出自己的判断。

②反馈性与收敛性。预测过程经过几轮反馈，使专家的意见逐渐趋同。

③专业性。吸收专家参与预测，充分利用专家的经验和学识。

2.2.1.2　德尔菲法风险分析步骤

根据建设项目特点和风险分析的要求，德尔菲法在进行风险分析时的主要步骤为：

①确定调查对象，组建经验丰富的专家小组，拟定调查提纲，准备向专家提供的资料（包括调查目的、期限、调查表以及填写方法等）；

②同时列出风险因素清单，编制专家意见调查表，向专家小组所有专家提出所要预测的问题及有关要求，将调查表及资料一并分发给专家，进行问卷调查；

③专家做出答复，对调查表进行统计分析，若结果满意直接得到调查结果，不满意则将整理结果和专家意见一同寄给各个专家；

④各个专家根据他们所收到的材料，再次提出自己的预测意见，并说明自己是怎样利用这些材料并提出预测值的，如此往复，直至结果满意；

⑤整理最终的调查结果，并给出说明。

应用德尔菲法建立风险概率模型的流程如图2-5所示。

2.2.1.3　德尔菲法风险评定过程

（1）专家调查表的设计。

专家调查表的调查对象是相关专家，专家的选择决定着调查结果的合理程度，所选取的专家应对待评项目有足够的了解，对项目面对的风险问题有清楚的认识。一般在对大型桥梁建设项目的社会稳定风险调查时，选取的专家应是长期从事道桥设计、施工和管理工作或者从事相关科研工作的专业人员。

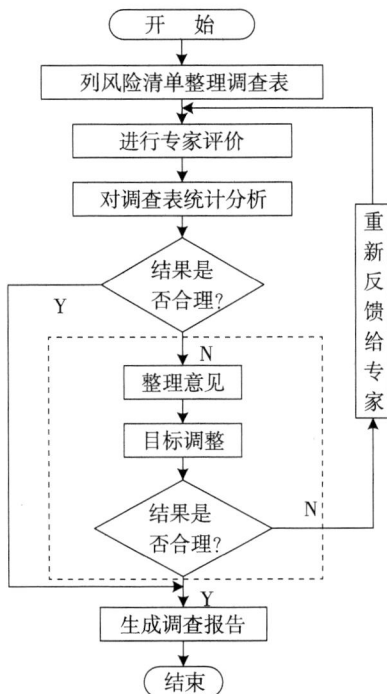

图2-5　风险分析中德尔菲法流程图

专家调查表（表2-8）是分析获取专家意见的工具，是进行风险分析的基础。调查表的质量决定预测的效果，在此类项目中调查表应该涵盖风险清单中所列全部风险，需获得专家E_i对风险因素u_i发生概率p_i、影响程度q_i的估计，以及专家允许误差调整范围r_i（$-r$，$+r$）、专家风险把握度η_i。

表2-8　专家调查表内容设计

风险因素u	发生概率p	影响程度q	调整范围δ	风险把握度η	评价依据
u_1	p_1	q_1	r_1	η_1	
u_2	p_2	q_2	r_2	η_2	
u_3	p_3	q_3	r_3	η_3	
u_4	p_4	q_4	r_4	η_4	
u_5	p_5	q_5	r_5	η_5	
$\vdots$	$\vdots$	$\vdots$	$\vdots$	$\vdots$	

①专家意见的分析过程。在利用德尔菲法进行风险的量化时，风险发生概率、风险影响程度都是按照给定的风险影响评判参考标准。下一步需考虑如何利用这些数据，并考虑更深层次改进以获得最佳效果。

②专家意见统计流程。将专家意见汇总，同时对专家统计结果的峰值、偏度和变异系数做一个分析，以判断分析结果是否满意。如结果达到要求则利用加权平均值进行下一步分析，如果不满意则需优化调整。

如果多轮后评判仍不满意，需对专家意见进行聚类分析，剔除干扰最大的意见。这类情况主要是部分专家过分专注于某一方面或者受到某种引导性的误判，导致坚持己见，优化后可以最大限度地保证风险估测结果的权威性，如图2-6所示。

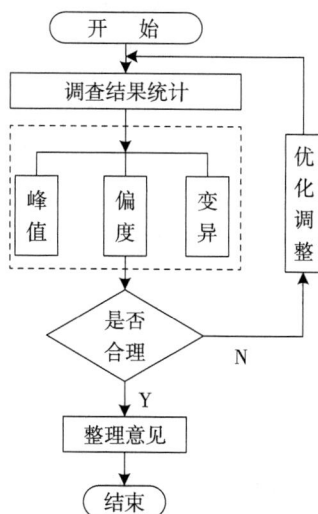

图2-6　专家意见分析方案

（2）专家意见表示方法。

为了便于比较和分析，专家意见一般以量化的方式给定，由于研究对象的复杂性、不确定性和专家经验的有限性，允许专家对自己的评分给出一定的调整区间和给出自己对该风险量化结果的把握程度。

①相关定义。定义1　专家集合 E，专家数量根据项目复杂程度给定，人数过少，意见容易统一或者极端分布，缺少参考价值；人数过多，增加组织难度。预测精度随着参加人数变化成一定函数变化，当参加数量为15左右时，预测精度达到最高。建议专家在10~20人之间。

$$E=\{E_1, E_2, E_3, \cdots, E_n\} \tag{2-3}$$

式中：E_n——第n个专家，$10<n<20$。

定义2　评价集合A，专家根据对风险的了解程度，依据评价指标给出风险评分。

$$A = \left\{ \left(a_1, r_1, \eta_1\right), \left(a_2, r_2, \eta_2\right), \cdots, \left(a_i, r_i, \eta_i\right) \right\} \tag{2-4}$$

式中：$\left(a_i, r_i, \eta_i\right)$——第$i$个专家给定的原始评分大小，其中$i=1, 2, \cdots, n$；

　　　a_i——第i个专家给定的建议评价值；

　　　r_i——第i个专家给定建议评价值的最大调整量，$r_i \geqslant 0$；

　　　η_i——第i个专家对所评风险值的把握程度，$1 \geqslant \eta_i \geqslant 0$。

定义3　最佳评价集合x，根据专家给出的原始打分信息，考虑专家意见的收敛性和可靠性，优化后得到的评价集合。

$$x=\{x_1, x_2, x_3, \cdots, x_i\} \tag{2-5}$$

式中：x_i——第i个专家优化后的评分值，满足$a_i-r_i \leqslant x_i \leqslant a_i+r_i$。

定义4　评价值可靠性G，为了实现评价结果的收敛性要求，对专家给定的意见进行了调整优化，代价是专家意见的可靠程度降低。但是可靠性函数G_x在定义域$(-\infty, +\infty)$内满足：

有界性：$1 \geqslant G_x \geqslant 0$；

对称性：G_x函数关于$x=a$对称，即$G_{(a-b)} = G_{(a+b)}$，$b = |x - a|$，b为专家意见调整值；

分段单调性：G_x在$(-\infty, a)$上单调递增，在$(a, +\infty)$上单调递减，$G_x' = 0$，且$\lim\limits_{x \to -\infty} G_x = \lim\limits_{x \to +\infty} G_x = 0$；

连续性：G_x在定义域上可微。

②专家意见可靠度分布函数。根据可靠性函数，专家给定的评分意见是在一定范围内的分布函数，不同专家的意见可靠性可以看作独立分布的。理想的专家意见分布特点，可以用正态函数分布来表示。分布函数如下：

$$F(x) = \varphi\left(\frac{x - a}{\delta}\right) = \int_{-\infty}^{x} \frac{1}{\sqrt{2\pi}\, \delta} e^{-\frac{(t - a)^2}{2\delta^2}} \mathrm{d}t \tag{2-6}$$

式中：$\delta(x)$——根方差；

　　　ξ_i——第i个专家的权重系数，$\sum\limits_{i=1}^{n} \xi_i = 1$。

$$\delta(x) = \sqrt{D(x)} \tag{2-7}$$

$$D(x) = \sum_{i=1}^{n}(x_1 - u_{(x)})^2 \xi_i \tag{2-8}$$

专家意见调整之后的可靠度分布函数：

$$
\begin{aligned}
G(x) &= 1 - p\{|x-a| < b\} \\
&= 1 - \{F(a+b) - F(a-b)\} \\
&= 1 - \int_{a-b}^{a+b} \frac{1}{\sqrt{2\pi}} e^{-\frac{(t-a)^2}{2\delta^2}} \mathrm{d}t
\end{aligned} \tag{2-9}
$$

调整后的可靠度可用正态函数调整距离以外包含的面积 S 表示，用 $1-S$ 的置信区间表示专家意见允许调整范围，如图 2-7 所示。

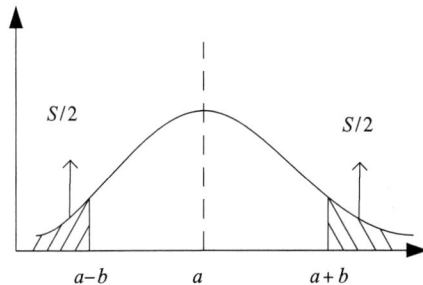

图 2-7　专家意见可靠度分布图

③风险因素量化参数。与常规德尔菲法不同，选用的风险输出值为考虑专家对风险把握程度的加权平均值。对评价结果合理性的检验，选用峰度系数、偏度系数和变异系数，其中变异系数是反映总体各单位标志值差异程度或离散程度的指标。相比方差评价优越的地方：变异系数是无量纲的，且不会受取值大小的影响，所以使用变异系数更能说明某些场合要比较两个随机变量的波动大小问题；偏度系数反映了随机参数 X 概率分布函数的偏倚方向或对称程度，用于描述分布的形状特征，刻画的是分布的对称性；峰度系数用于描述分布的特征。这三种参数在可靠性工程、金融保险、生物技术、自然科学等领域中都是重要的参数指标。因此，关于总体的变异系数、偏度系数和峰度系数的假设检验问题具有重要的实际意义，对于风险问题的研究，更是有着不可替代的应用价值。

a.加权平均值 P_i。对于单风险因素发生概率和风险影响程度的加权平均值，一般作为该过程的输出值进入多因素风险分析，其表达式：

$$u_x = \sum_{i=1}^{n} x_i \xi_i \qquad (2-10)$$

$$\xi_i = \eta_i \Big/ \sum_{i=1}^{n} \eta_i \qquad (2-11)$$

式中：ξ_i——第i个专家的权重，主要依据不同专家对同一风险u_i的把握程度η_i来确定。

b.峰度系数u_k。进行专家意见统计，发现专家意见一般呈正态或者偏态分布，统计上用来反映频数分布曲线顶端尖峭或扁平程度的指标一般是利用四阶中心矩来测定。为了消除变量值水平和计量单位不同的影响，实际工作中是利用四阶中心矩与σ^4的比值作为衡量峰度的指标，称为峰度系数u_k，其计算公式如下：

$$u_k = \sum_{i=1}^{n} (x_i - u_x)^4 \xi_i \Big/ \big[\delta(x)\big]^4 - 3 \qquad (2-12)$$

式中：$\delta(x)$——风险估计的标准差。

峰度公式是四阶中心矩与σ^4的比值减去3后的值，这个值如果为0，说明其峰度与正态分布相同；如果大于0，说明它比正态分布要陡峭，示意图如图2-8所示。

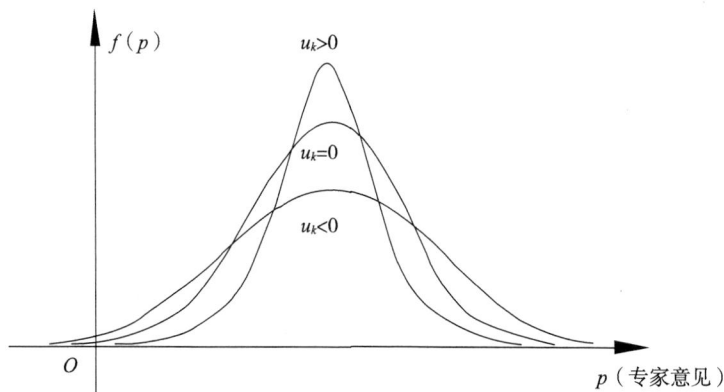

图2-8　不同峰度情况对比图

c.偏度系数u_s。偏度系数可判断数据序列分布规律性，是对变量是否具有对称分布进行度量的基本尺度。对专家意见统计分析时要观察数据的对称性，一般专家意见分布应该成正态分布或者接近正态状态，偏度系数表达式为：

$$u_s = \sum_{i=1}^{n} (x_i - u_x)^3 \xi_i \Big/ \big[\delta(x) \big]^3 \qquad (2\text{-}13)$$

$u_s > 0$ 为均值在大于峰值的一侧，专家意见右偏态（正偏态）；$u_s < 0$ 为均值在小于峰值的一侧，专家意见左偏态（负偏态）；$u_s = 0$ 说明专家意见两侧均匀分布，为正态分布，偏度示意图如图2-9所示。偏态系数同样属于无量纲的量，取值通常在-3~3之间，绝对值越大表示偏斜越明显。

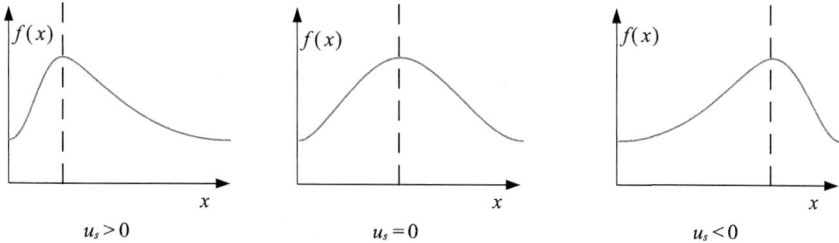

图2-9　偏态系数三种情况示意图

d.变异系数 u_v。除了以上指标，分析专家意见对风险事件相对重要性的差异程度也十分重要，变异系数可以体现该指标。变异系数刻画了统计参数的离散程度和数据分布范围，一般用变量的均方差和数学期望之比来表示。计算公式如下：

$$u_v = \delta(x) / u_x \qquad (2\text{-}14)$$

u_v 值越小，专家的协调程度越高，一般认为变异系数小于10%具有较好的协调性。

（3）专家意见优化调整分析。

在遇到多轮专家意见整理后，仍然存在验证合理性不理想的情况时需要进行专家意见的优化调整。

考虑到专家能力有限和主观评价势必存在误差，同时考虑到桥梁建设项目特别是大型项目因素多、结构复杂，在进行问卷调查时专家给出了可以浮动的空间 r_i，统计时可以将与专家意见均值差别较大的评分值在[-r，+r]范围内调整。

对专家意见调整越大则可靠性越低，以对专家的调查原始信息为基础，充分考虑结果一致性、协调性和可靠性因素，形成专家意见的最优化调整模型，使分析结果既满足一致性要求、协调性水平，又满足可靠性条件的要求。

通过德尔菲法获得的专家意见可以认为是独立的，且专家分布可看作正态分布。意见调整的原则是，在保证专家意见可用的情况下尽量降低调整量，也即求最优解的问题，建立最优化模型。

目标函数：

$$\min f(x) = \sum_{i=1}^{n} |X_i - b| g \xi_i \qquad (2-15)$$

$$\text{s.t.} \quad \begin{cases} |b| \leq r \\ u_k \geq 0 \\ u_v < 10\% \end{cases} \qquad (2-16)$$

峰度系数 u_k 理想状态是大于 0，专家意见不能过于分散；偏度系数 u_s 不作要求，但是应在合理范围以内；为了保持较好的协调性，变异系数 u_v 应控制在 10% 以内。

除了对以上分散程度和变异情况约束外，还应该考虑对一致性的要求。一致性不能得到满足时可以通过降低置信度，当 G_x 在 85% 以上时认为非常可信，G_x 处于 70%~84% 为满意水平，处于 55%~69% 为可接受水平，小于 55% 说明在一致性和协调性方面存在问题，专家意见的分歧较大，必须先聚类分析，然后对不同类别进行选择。

表2-9　专家意见调整表

专家序号	权重	调整前	调整量	调整后
1	ξ_1	x_1	b_1	$x_1 - b_1$
2	ξ_2	x_2	b_2	$x_2 - b_2$
3	ξ_3	x_3	b_3	$x_3 - b_3$
$\vdots$	$\vdots$	$\vdots$	$\vdots$	$\vdots$
n	ξ_n	x_n	b_n	$x_n - b_n$

德尔菲法是一种十分有效的获取专家一致性意见的预见方法，但是这种方法不能充分考虑风险事件之间的相互影响。然而，在实际项目中风险事件之间是存在普遍联系的。为了克服德尔菲法的这一弊端，引入交叉影响分析方法（Cross-Impact Analysis），并和德尔菲法一起应用于风险预测中。

2.2.2　交叉影响概率

风险事件之间往往是相互影响的，在确定风险等级的过程中，应该考虑到各种风险事件之间的相互影响。美国学者戈登（Gordon）和海沃德（Hayward）

曾在1968年系统地提出过交叉影响分析法，这种分析方法建立在蒙特卡罗仿真模拟的基础上，用以预测事件发生概率。在改进的德尔菲法基础上，运用蒙特卡罗模拟计算出交叉影响后的校正概率，最后得到更加准确的风险事件的评定等级。该方法为更加科学而有效地进行工程项目的风险等级评定提供了新思路。

2.2.2.1　交叉影响分析基础理论

交叉影响分析法，又称交叉概率法。它综合了专家调查法、主观概率法和蒙特卡罗模拟等技术，通过主观估计每个事件在未来发生的概率，以及事件之间相互影响的概率，利用交叉影响矩阵考察预测事件之间的相互作用，进而预测目标事件未来发生的可能性。它的价值在于把大量可能结果进行有系统的整理，以此提高决策者对复杂现象的认识程度，从而提升有效制订计划和政策的能力。

交叉影响法研究的是一系列风险事件之间的相互影响关系，原理是对这一系列可能发生的风险事件D_i用通过德尔菲法专家给定的初始概率p_i和一个风险事件发生对其余风险影响的概率a_{ij}表示。然后利用随机数表或者蒙特卡罗模拟的方法考察各风险事件是否发生，如果发生则根据戈登提出的经验公式计算已发生事件对其他事件影响的过程概率，全部风险事件均考察到为完成一次试验，通过大量试验求得最后的校正概率。

交叉影响分析法的步骤为：

①根据德尔菲法独立预测估计各种风险事件发生的概率，即初始概率，以5个风险事件的交叉影响分析为例，见表2-10。

表2-10　各风险相互影响关系及初始概率

风险D	风险概率p	对其他风险影响A				
		D_1	D_2	D_3	D_4	D_5
D_1	p_1	0	a_{12}	…	…	a_{15}
D_2	p_2	…	0	…	…	a_{25}
D_3	p_3	…	…	0	a_{12}	a_{35}
D_4	p_4	…	…	…	0	a_{45}
D_5	p_5	…	…	…	…	0

②评定各风险事件的相互影响概率a_{ij}，构造交叉影响矩阵，反映事件相互

影响的程度，见表2-11。

表2-11　各风险交叉影响矩阵

风险 D	风险概率 p	对其他风险影响 A				
		D_1	D_2	D_3	D_4	D_5
D_1	p_1	0	a_{12}	a_{13}	a_{14}	a_{15}
D_2	p_2	a_{21}	0	a_{23}	a_{24}	a_{25}
D_3	p_3	a_{31}	a_{32}	0	a_{34}	a_{35}
D_4	p_4	a_{41}	a_{42}	a_{43}	0	a_{45}
D_5	p_5	a_{51}	a_{52}	a_{53}	a_{54}	0

事件D_i的发生对事件D_j的影响程度为a_{ij}（i，$j=1，2，\cdots，n$），称为交互影响系数。交互作用强度用−1到+1之间的实数表示，分为7个等级（见表2-12），其中$a_{ii}=0$，$|a_{ij}|\leqslant1$，若$a_{ij}>0$，表示有正影响；$a_{ij}<0$，有负影响；$a_{ij}=0$，没有影响。$|a_{ij}|$越接近1，表示影响程度越大。

表2-12　交叉影响的方向和程度

交叉影响程度	无影响	弱负影响	弱正影响	中等负影响	中等正影响	强负影响	强正影响
a_{ij}	0	−0.5	+0.5	−0.8	+0.8	−1.0	+1.0

③根据事件间相互影响，修正各事件发生的概率。即通过随机取样的方式进行修正试验，一次完整的试验如下。

a. 从全部风险集合中随机抽取一个风险事件D_i。

b. 用随机数法确定事件D_i是否发生，即从0到1中随机抽取一数k，与事件D_i的初始概率P_i相比较，如果$k>P_i$，则事件D_i不发生；如果$k<P_i$，则事件D_i将发生。

c. 如果随机抽取的事件D_i不发生，将不影响其他风险事件，其他事件的概率均不改变。如果随机抽取的事件D_i发生，受其影响的各事件D_j的概率将按照交叉影响矩阵，利用戈登提出的经验公式计算过程概率$P_j′$。如果事件D_i的发生对事件D_j产生影响，则其发生后，事件D_j的概率P_j将需要进行修正。戈登经验修正公式为：

$$P_j′ = P_j + a_{ij}P_j(1 - P_j) \tag{2-17}$$

若$a_{ij}>0$，则P_j'大于P_j，说明事件D_i推进事件D_j的发生；否则$a_{ij}<0$，事件D_i阻碍事件D_j的发生。

d.从未被抽取的剩余事件中再随机选择一个事件，重复以上三个步骤。继续进行上述模拟过程，直至n个事件都被随机抽取一次为止，方完成一次试验，称为一轮模拟。

e.将过程概率P_j'恢复为初始概率P_j，再进行下一轮模拟。通过多轮模拟，由各事件发生的次数与试验总次数相比得到该事件发生的概率值P_j^*，称为在交叉影响作用下各事件的最终发生概率估计值。

试验次数至少在1000次以上，所以使用交叉影响分析都是通过计算机来实现。其原理也是当样本容量足够大时，认为风险事件发生的频率即为其概率。蒙特卡罗仿真模拟就是基于此种理念而提出的。

2.2.2.2 蒙特卡罗仿真模拟流程

蒙特卡罗（Monte Carlo）方法又称为随机仿真法和统计仿真法，是一种基于随机数的计算方法。在实践中，蒙特卡罗模拟法用于风险分析、风险鉴定、敏感度分析和预测。

形式最简单的蒙特卡罗模拟是一个随机数字生成器，它对预测、估计和风险分析都很有用。利用计算机产生随机数是目前最常使用的方法，它占用电脑内存少、模拟速度快、方便重复模拟试验。

（1）蒙特卡罗求解问题一般步骤。

在获得事件集合、各个事件的初始状态和事件之间的相互影响等数据后，就可以应用蒙特卡罗仿真模拟试验进行分析了。用蒙特卡罗方法求解问题一般包括构造或描述概率过程、从已知概率分布抽样和建立估计量三个步骤。

构造或描述概率过程实际上就是建立随机试验模型，构造概率过程是对确定性问题而言的，描述概率过程是对随机性问题而言的，不同的问题所需要建立的随机试验模型各不相同。如何产生已知分布的随机变量或随机过程是蒙特卡罗方法中的一个关键问题。

用计算机进行蒙特卡罗方法模拟的步骤：

①按要求设计一个逻辑流程图，即模拟模型；

② 根据逻辑流程图编写matlab程序，模拟随机现象；

③ 分析反复试验计算所需要结果。

基于蒙特卡罗仿真模拟交叉影响分析模型的逻辑框架图，如图2-10所示。

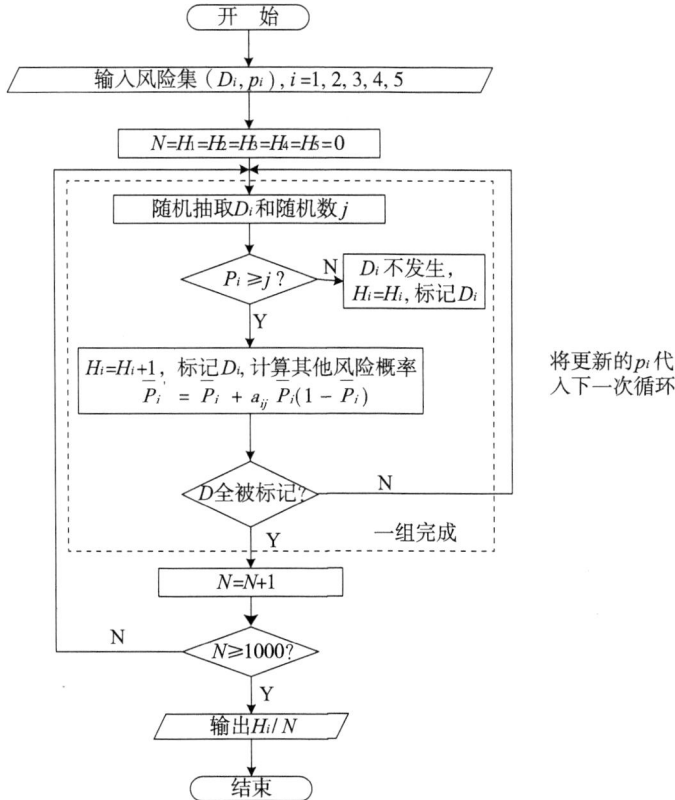

图2-10 基于蒙特卡罗仿真模拟交叉影响分析模型的逻辑框架图

注：图中i为抽取的随机数，p_i为风险事件D_i的初始概率，N_0为理想实验次数，最佳值将在下一节重点介绍。

（2）模型描述。

根据随机抽样的知识，对于任何给定的分布函数$F(x)$，用X_f表示分布函数$F(x)$所产生的子样$X_1, X_2, \cdots, X_n$中的个体；随机数序列$\varepsilon_1, \varepsilon_2, \cdots, \varepsilon_n$是满足单位均匀分布且相互独立的随机变量序列。对于连续型分布，如果分布函数的反函数存在，则有抽样方法如下：

$$X_f' = F^{-1}(\varepsilon) \qquad (2\text{-}18)$$

通常在用蒙特卡罗模拟法时，通过随机抽样的方法产生一组随机模拟事件，以此作为计算用的基本数据。常见的工期概率分布有均匀分布、β分布、三角分布、正态分布或指数分布。根据本文要求只需考虑均匀分布，即区间$[a，b]$内的均匀分布$U(a，b)$，其概率分布为：

$$f(x) = \begin{cases} \dfrac{1}{b-a} & (a \leqslant x \leqslant b) \\ 0 \end{cases} \qquad (2\text{-}19)$$

抽样公式为：

$$x = a + \varepsilon(b-a) \quad (\varepsilon \in [0,1]) \qquad (2\text{-}20)$$

2.2.2.3　基于Matlab的蒙特卡罗仿真模拟模型实现

Matlab是一个集成软件系统，具有良好的数据统计、图形处理等功能。它采用了工程技术语言，语言的基本元素为矩阵，可对矩阵进行多种运算和操作，具备符号计算、数字图片、文字处理功能。本节借助Matlab成熟的函数计算功能，实现对项目社会稳定风险分析量化结果的交叉影响分析。

```
clear;
p=[0.3, 0.2, 0.1, 0.1, 0.5];
a1=ones（1，5）;
pt=0;
ti=0;
a=[0, -0.5, -0.8, 0.8, -0.2;
  0.5, 0, -0.5, 0.8, 0.8;
  0.5, 1, 1, 0, 0;
  -0.2, 1, 0.8, 0, 0.5;
  -1, -1, 0, -0.5, 0];
a2t=a;
n0=1000;
% h=0;
hh=zeros（1，5）;
n=1;
rr=rand（1，n0*10）;
rd= 1+fix（5*rand（1，10*n0）);
```

```
flag=0；
while（1）
    for ti=1：5
        pt=p（ti）；
        if（pt>rr（n））
            d（ti）=1；
            hh（ti）=hh（ti）+1；
            att=a（ti,:）；
            a（ti,:）=pt*a1+pt*（1-pt）*att；
        end
    end
    a=a2t；
    if（n>n0）
        break；
    end
    n=n+1；
end
res=hh/（n-1）。
```

（1）算例。

以5个风险事件的交叉影响分析为例，见表2-13。

表2-13　各风险交叉影响矩阵

风险 D	风险概率 p	对其他风险影响 A				
		D_1	D_2	D_3	D_4	D_5
D_1	0.3	0	-0.5	-0.8	0.8	-0.2
D_2	0.2	0.5	0	-0.5	0.8	0.8
D_3	0.2	0.5	1	1	0	0
D_4	0.2	-0.2	1	0.8	0	0.5
D_5	0.5	-1	-1	0	-0.5	0

（2）编码程序。

针对上述模型，主要是实现 N 次随机模拟，每次模拟可以使用 randsample 函数（即 randi 函数），在 0~1 之间取随机数 j 并与 P_i 比较，并通过计数器记录事件 D_i 的发生频率及总试验次数，计算出现频率。随着 N 值增大，这个频率就会越来越接近所对应风险的实际大小 $P(A)$，基于以上原理编写 Matlab 函数 probmont。

（3）交叉影响分析试验次数的确定。

试验次数决定交叉影响结果的可信度，试验次数过少容易发生偶然事件占比较大，使结果不准确，但是试验次数过大又会影响结果输出时间，增加工作量。本节拟通过改变试验次数和运行次数，对比五个风险概率变化曲线，得到最佳次数（图2-11）。

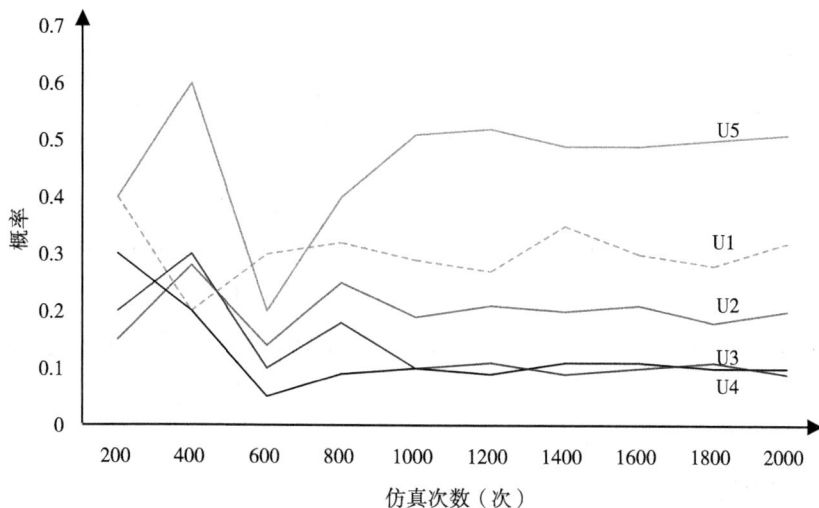

图2-11　不同仿真次数与仿真概率关系图

通过改变试验发生次数 N_0，发现随着 N_0 的增加，在 800~1000 次左右开始风险概率变化趋于稳定；通过研究当 N_0 确定同一风险事件运行10次仿真概率的波动性，在 $N_0=1000$ 次开始，概率值波动趋于稳定。综合以上，$N_0=1000$ 次定为较理想试验次数。

（4）交叉影响结果。

上述事件交叉试验1000次后，概率发生变化如表2-14所示。

表2-14　交叉后概率变化

风险	D_1	D_2	D_3	D_4	D_5
原始概率	0.3	0.2	0.1	0.1	0.5
交叉后概率	0.261	0.254	0.188	0.078	0.589
变化幅度	−0.039	−0.046	−0.012	−0.022	−0.089

通过以上对比可以发现，经过1000次的交叉影响分析试验后，风险发生概率有略微减少。

2.3　社会稳定风险影响因素的权重确定

2.3.1　层次分析法

层次分析法（Analytic Hierarchy Process， AHP）是将与决策总是有关的元素分解成目标、准则、方案等层次，在此基础之上进行定性和定量分析的决策方法。该方法是美国运筹学家匹茨堡大学教授萨蒂于20世纪70年代初，在为美国国防部研究"根据各个工业部门对国家福利的贡献大小而进行电力分配"课题时，应用网络系统理论和多目标综合评价方法，提出的一种层次权重决策分析方法。这种方法的特点是在对复杂的决策问题的本质、影响因素及其内在关系等进行深入分析的基础上，利用较少的定量信息使决策的思维过程数学化，从而为多目标、多准则或无结构特性的复杂决策问题提供简便的决策方法。尤其适合于对决策结果难以直接准确计量的场合。

层次分析法确定权重的主要步骤如下：

（1）明确目标。

对于交通规划方案的综合评价，最终目标是选择最佳方案，为此需对技术评价、经济评价和环境影响评价三个子系统以及这三个子系统所包括的各个因素（单项指标）进行定性和定量的分析，也应对各因素在总系统中的作用大小和影响程度做出相对判断。

（2）建立层次结构。

根据已了解的和对单项指标的分析，将各因素按性质分类并建立层次。对于道路网规划而言，至少可以划分为目标层（A）、准则层（C）和方案层（P）。

（3）建立判断矩阵。

对各指标之间进行两两对比之后，然后按9分位比率排定各评价指标的相对优劣顺序，依次构造出评价指标的判断矩阵A。

$$A = \begin{bmatrix} 1 & a_{12} & \cdots & a_{1n} \\ a_{21} & 1 & \cdots & a_{2n} \\ \vdots & \vdots & \ddots & \vdots \\ a_{n1} & a_{n2} & \cdots & a_{nn} \end{bmatrix} \qquad (2\text{-}21)$$

式中：A——判别矩阵；

a_{ij}——要素i与要素j重要性比较结果。

并且有如下关系：$a_{ij} = \dfrac{1}{a_{ji}}$，$a_{ij}$有9种取值，分别为1/9、1/7、1/5、1/3、1/1、3/1、5/1、7/1、9/1，分别表示要素i对于要素j的重要程度由轻到重（在此取奇数，只是为了评分，相对比较优劣，因此改取偶数2、4、6、8、10也可以）。

a_{ij}是根据资料与条件，由专家与分析人员共同研究选定，对于采用单一准则进行两方案的比较而言，一般不难给出评分标准。

（4）进行层次单排序。

上述判断矩阵只是针对上一层而言，经两两比较的评分数据，按需要将本层的所有元素以上一层为依据排出优劣顺序。进行此步骤的方法之一是正规化求和法，即先对判断矩阵求和，将矩阵的每一行加起来，即$\sum b_{1j} = V_1$，$\sum b_{2j} = V_2$，$\cdots$，$\sum b_{nj} = V_n$。矩阵每一行之和$\sum V_n$，其大小表明各方案的优劣程度。为了便于比较，再进行正规化，即每行之和V_i，分别除以各行总和$\sum V_i$，$W_i = V_i / \sum V_i$，因此正规化过的向量之和$\sum W_i = W_1 + \cdots + W_n = 1$，所以用其表示各相应方案的优劣程度更为合适。

（5）进行层次总排序。

以准则层为依据，经正规化求和，排列出不同准则的各方案优劣程度。在此前提下按同样方法，最后做目标判断（综合评价）。

上述层次分析法，在两两比较评分中，离不开人的经验判断，具有较大随机性，但由于概念简明，使用方便，有一定的实用性。

2.3.2　熵权法

熵是热力学中的重要概念，它最先由Shannon引入信息论，表示一个信息源发出的信号状态不确定的程度。用熵权表示评价指标的相对重要程度，基本思想是认为评价指标的差异程度越大越重要，则权重相应也越大。在信息论中，熵是系统无序程度的度量，它还可以度量数据所提供的有效信息量，因此，可以用熵来确定权重。当评价对象在某项指标上的值相差较大时，熵值较小，说明该指标提供的有效信息量较大，该指标的权重也应较大；反之，若某项指标的值相差越小，熵值较大，说明该指标提供的信息量较小，该指标的权重也应较小。当个别评价对象在某项指标上的值完全相同时，熵值达到最大，这意味着该指标未向决策提供任何有用的信息，可以考虑从评价指标体系中去除。所以，熵权法赋权是一种客观赋权方法。熵权法基本步骤如下：

（1）原始数据矩阵标准化。

设 m 个评价指标 n 个评价对象得到的原始数据矩阵为：

$$\boldsymbol{X} = (x_{ij})_{m \times n} \begin{bmatrix} x_{11} & x_{12} & \cdots & x_{1n} \\ x_{21} & x_{22} & \cdots & x_{2n} \\ \vdots & \vdots & \ddots & \vdots \\ x_{m1} & x_{m2} & \cdots & x_{mn} \end{bmatrix} \tag{2-22}$$

对大者为优的收益性指标而言：

$$r_{ij} = \frac{x_{ij} - \min_{j}\{x_{ij}\}}{\max_{j}\{x_{ij}\} - \min_{j}\{x_{ij}\}} \tag{2-23}$$

对小者为优的成本性指标而言：

$$r_{ij} = \frac{\max_{j}\{x_{ij}\} - x_{ij}}{\max_{j}\{x_{ij}\} - \min_{j}\{x_{ij}\}} \tag{2-24}$$

式中：r_{ij}——第 j 个评价对象在第 i 个评价指标上的标准值，$r_{ij} \in [0, 1]$。

该矩阵标准化可得：

$$\boldsymbol{R} = (r_{ij})_{m \times n} \tag{2-25}$$

（2）定义熵。

在有 m 个评价指标，n 个评价对象的评价问题中，第 i 个指标的熵定义为：

$$H_i = -k \sum_{j=1}^{n} f_{ij} \ln f_{ij} \qquad (i = 1, 2, \cdots, m) \tag{2-26}$$

式中：$f_{ij} = \dfrac{r_{ij}}{\sum\limits_{j=1}^{n} r_{ij}}$，$k = \dfrac{1}{\ln n}$，当 $f_{ij}=0$ 时，令 $f_{ij}\ln f_{ij}=0$。

（3）定义熵权。

定义了第 i 个指标的熵之后，第 i 个指标的熵权定义为：

$$W_i = \frac{1 - H}{m - \sum\limits_{i=1}^{m} H_i} \tag{2-27}$$

式中：$0 \leqslant W_i \leqslant 1$，$\sum\limits_{i=1}^{m} W_i = 1$。

2.4　应用案例

2.4.1　大型桥梁社会稳定风险因素识别与过滤

参照评价指标体系、本项目风险 HHM 框架和调查获得的资料，对所识别的风险点进行聚类，共分为环境风险、社会风险、经济风险、技术风险和管理风险五大类，本项目风险评价指标体系如表2-15所示。

表2-15　主要风险因素对照表

目标层	指标层	风险因素	统计次数	统计概率
桥梁建设项目社会稳定风险分析	环境	大气污染	24	65%
		水污染	32	86%
		景观影响	7	19%
		水土流失	21	57%
		防洪影响	5	14%
		噪音震动	35	95%
		水源地影响	14	38%
		事故污染	18	49%
		生态影响	20	54%

目标层	指标层	风险因素	统计次数	统计概率
桥梁建设项目社会稳定风险分析	社会	交通影响	35	95%
		文物保护	8	22%
		强拆风险	13	35%
		公共配套设施影响	4	11%
		公众参与	21	57%
		文化冲突	14	38%
		项目互适性	6	16%
		社会稳定体制	14	38%
		居民安置	25	68%
	经济	征地范围	35	95%
		补偿标准	24	65%
		征收补偿方案	11	30%
		资金保障	33	89%
		就业影响	14	38%
		收入分配	3	8%
		群众收入	17	46%
		上下游相关企业影响	5	14%
		土地价格	16	43%
		特殊补偿	24	65%
		生活价格	9	24%
	技术	项目选址	8	22%
		取弃土场选址	31	84%
		工程方案	13	35%
		管线迁移及绿化	14	38%
	管理	"五制"	17	46%
		六项管理	12	32%
		工程应急预案质量	17	46%
		工程质量	15	41%
		治安影响	21	57%
		流动人口	14	38%
		安全卫生	15	40%
		媒体报道	28	76%
		政策审批	34	92%

考虑制定评价指标体系时方便读取，将上述风险进行进一步筛检，对出现频率在1/3以上的风险保留，最终确定的大型桥梁建设项目社会稳定风险评价指标如表2-16所示。

表2-16　一般桥梁项目风险评价指标体系

一级指标	二级指标	常见风险列举
环境指标U_1	生态环境破坏程度 资源掠夺程度 生态恢复能力 对环境系统的影响程度 对水资源的影响程度 对人文景观的影响程度	大气污染风险(U_{11})
		水污染风险(U_{12})
		水源地风险(U_{13})
		生态影响(U_{14})
		噪声级震动风险(U_{15})
		事故污染(U_{16})
社会指标U_2	预期的交通风险 居民对社会安全的满意度 信息公开性 帮扶政策的深度 工程移民与安置区居民的融合度	对周边交通影响严重(U_{21})
		强拆风险(U_{22})
		钉子户风险(U_{23})
		公众不参与风险(U_{24})
		文化冲突(U_{25})
		当地社会稳定体制不健全(U_{26})
		居民安置问题(U_{27})
经济指标U_3	居民收入与就业的影响 补偿标准 群众收入影响 相关价格波动 居民收入变化率 工程资金到位率 新增就业率	征拆补偿不合理风险(U_{31})
		补偿标准(U_{32})
		资金落实无保障(U_{33})
		影响就业(U_{34})
		群众收入(U_{35})
		周边土地价格(U_{36})
		资金来源(U_{37})

一级指标	二级指标	常见风险列举
技术指标U$_4$	工程项目选址合理性 跨线构造物设计 取弃土场、管线、绿化的选取	线位与当地规划相悖(U$_{41}$)
		取弃土场选取不合理(U$_{42}$)
		工程方案不合理(U$_{43}$)
管理指标U$_5$	信息公开程度 安全卫生防护工作 "五制"执行情况 六项管理政策 媒体支持程度 管理制度完善程度 问责制完善程度	"五制"跟进问题(U$_{51}$)
		缺少应急预案风险(U$_{52}$)
		六项管理问题(U$_{53}$)
		工程质量(U$_{54}$)
		外来人员与当地居民冲突(U$_{55}$)
		流动人口管理问题(U$_{56}$)
		安全卫生问题(U$_{57}$)
		媒体虚假报道风险(U$_{58}$)
		政策审批不合法(U$_{59}$)

利用风险矩阵过滤。该阶段使用风险矩阵进行风险的再次筛选，此处风险发生的可能性和影响程度参照标准见表2-17和表2-18。将上一阶段识别出的风险点放入风险程度量化值表，见表2-19。将微小风险舍去，较小风险有条件舍去。此阶段过滤是基于知识和决策水平的定性分析。

表2-17　单因素风险影响概率定性评判参考标准（p）

等级	定性评判标准	表示
很高	几乎确定	S
较高	很有可能发生	H
中等	有可能发生	M
较低	发生的可能性较小	L
很低	发生的可能性很小,几乎不可能	N

表2-18　单因素风险影响程度定性评判参考标准（q）

等级	影响程度	表示
严重	在全省或者更大的范围内造成一定的负面影响(社会稳定、形象方面)，需要长时间的努力才能消除，且付出巨大代价	S
较大	在全省造成一定的影响(社会稳定、形象方面)，需要较长时间才能消除，且付出较大代价	H
中等	在全省造成一定的影响(社会稳定、形象方面)，需要一定时间才能消除，且付出一定代价	M
较小	在当地造成一定的影响(社会稳定、形象方面)，但可在短期内消除	L
可忽略	在当地造成很小影响，可自行消除	N

表2-19　风险程度量化值表

风险编号	风险类型	风险因素	概率估计等级	概率估计(p)	风险影响程度等级	风险影响程度(q)	风险等级	风险等级(R)
U_{11}	环境	大气污染风险	较高	0.65	中等	0.51	较小风险	0.332
U_{12}		水污染风险	很高	0.86	较小	0.2	较小风险	0.172
U_{13}		水淹地风险	较低	0.38	严重	0.92	较小风险	0.350
U_{14}		生态影响	中等	0.54	较大	0.7	较大风险	0.378
U_{15}		噪声级震动风险	很高	0.95	中等	0.5	较大风险	0.475
U_{16}		事故污染	中等	0.45	严重	0.81	较大风险	0.365
U_{21}	社会	对周边交通影响严重	很高	0.95	较大	0.6	较大风险	0.570
U_{22}		强拆风险	较低	0.35	较大	0.73	较小风险	0.256
U_{23}		钉子户风险	较低	0.31	严重	1.1	较小风险	0.341

风险编号	风险类型	风险因素	概率估计等级	概率估计（p）	风险影响程度等级	风险影响程度（q）	风险等级	风险等级（R）
U_{24}	社会	公众不参与风险	中等	0.57	较大	0.63	较小风险	0.359
U_{25}		文化冲突	较低	0.38	较大	0.77	较小风险	0.293
U_{26}		当地社会稳定体制不健全	较低	0.38	较小	0.21	较小风险	0.080
U_{27}		居民安置问题	较高	0.68	可忽略	0.06	较小风险	0.041
U_{31}	经济	征拆补偿不合理风险	很高	0.95	可忽略	0.07	较小风险	0.067
U_{32}		补偿标准	较高	0.65	较大	0.6	较大风险	0.390
U_{33}		资金落实无保障	很高	0.89	较小	0.33	较小风险	0.294
U_{34}		影响就业	较低	0.38	严重	0.88	较小风险	0.334
U_{35}		群众收入	中等	0.46	较小	0.33	较小风险	0.152
U_{36}		周边土地价格	中等	0.43	较小	0.22	较小风险	0.095
U_{37}		资金来源	较高	0.76	中等	0.5	较大风险	0.380
U_{41}	技术	线位与当地规划相悖	较低	0.38	可忽略	0.18	较小风险	0.068
U_{42}		取弃土场选取不合理	很高	0.84	可忽略	0.04	微小风险	0.034
U_{43}		工程方案不合理	较低	0.35	可忽略	0.09	微小风险	0.032

风险编号	风险类型	风险因素	概率估计等级	概率估计(p)	风险影响程度等级	风险影响程度(q)	风险等级	风险等级(R)
U_{51}	管理	"五制"跟进问题	中等	0.46	较大	0.67	较小风险	0.308
U_{52}		缺少应急预案风险	中等	0.46	中等	0.44	较小风险	0.202
U_{53}		六项管理问题	较低	0.32	严重	0.85	较小风险	0.272
U_{54}		工程质量	中等	0.41	严重	0.9	较大风险	0.369
U_{55}		外来人员与当地居民冲突	较低	0.38	中等	0.4	较小风险	0.152
U_{56}		流动人口管理问题	较低	0.38	较大	0.79	较小风险	0.300
U_{57}		安全卫生问题	中等	0.4	较大	0.74	较小风险	0.296
U_{58}		媒体虚假报道风险	较高	0.76	可忽略	0.07	较小风险	0.053
U_{59}		政策审批不合法	很高	0.92	可忽略	0.08	较小风险	0.074

在对单因素风险概率、风险程度量化后，应对整个因素进行评价，筛选舍去微小风险、较小风险、只留下较大风险和重大风险（表2-20）。

表2-20 主要风险因素清单

风险编号	风险类型	风险因素
U_1	环境	噪声震动
		事故污染
		生态影响

续表

风险编号	风险类型	风险因素
U₂	社会	交通影响
U₃	经济	补偿标准
U₄		资金来源
U₅	管理	工程质量

2.4.2 大型桥梁社会稳定风险发生概率

2.4.2.1 基于德尔菲法确定风险发生概率

（1）专家调查意见统计。

①组建专家组。根据大型桥梁项目的实际情况，确定包括项目工程编制单位和审批单位在内的20名专家组成的专家小组，其中高级以上职称10名，中级职称5名，初级及以下5名。专家组对项目较为了解，相关经验丰富。

专家组：$E=\{E_1, E_2, E_3, \cdots, E_{20}\}$

事件组：$U=\{U_1, U_2, U_3, \cdots, U_7\}$

②专家意见调查表统计情况。将20个专家意见进行汇总分析，见表2-21，其中矩阵中四个值分别为推荐概率、调整范围、影响程度和把握程度。

表2-21 专家意见汇总

专家	噪声震动 U₁		事故污染 U₂		生态影响 U₃		交通影响 U₄		补偿标准 U₅		资金来源 U₆		工程质量 U₇	
E₁	0.5	0.06	0.98	0.06	0.42	0.05	0.97	0.03	0.66	0.02	0.75	0.06	0.43	0.02
	0.68	0.88	0.48	0.92	0.82	0.95	0.62	0.9	0.62	0.93	0.49	0.9	0.88	0.89
E₂	0.55	0.04	0.94	0.03	0.49	0.03	0.92	0.05	0.66	0.05	0.78	0.05	0.4	0.04
	0.72	0.93	0.52	0.89	0.78	0.94	0.58	0.93	0.59	0.89	0.51	0.94	0.89	0.93
E₃	0.5	0.06	0.96	0.03	0.44	0.03	0.95	0.04	0.66	0.03	0.73	0.03	0.42	0.06
	0.71	0.93	0.51	0.91	0.82	0.94	0.62	0.94	0.61	0.92	0.51	0.88	0.9	0.95
E₄	0.55	0.06	0.9	0.04	0.44	0.04	0.93	0.04	0.62	0.04	0.75	0.02	0.44	0.03
	0.68	0.91	0.52	0.92	0.79	0.94	0.55	0.89	0.58	0.94	0.51	0.89	0.89	0.94
E₅	0.53	0.05	0.96	0.05	0.4	0.04	0.92	0.05	0.64	0.02	0.72	0.06	0.38	0.04
	0.7	0.91	0.47	0.89	0.8	0.9	0.55	0.9	0.63	0.9	0.5	0.88	0.88	0.93

续表

专家	噪声震动		事故污染		生态影响		交通影响		补偿标准		资金来源		工程质量	
	U_1		U_2		U_3		U_4		U_5		U_6		U_7	
E_6	0.55	0.06	0.9	0.05	0.41	0.03	0.93	0.02	0.62	0.04	0.8	0.05	0.38	0.06
	0.69	0.91	0.46	0.92	0.77	0.89	0.61	0.91	0.58	0.89	0.51	0.92	0.9	0.88
E_7	0.52	0.06	0.92	0.04	0.44	0.03	0.95	0.03	0.67	0.03	0.76	0.03	0.44	0.06
	0.68	0.92	0.5	0.95	0.78	0.92	0.57	0.93	0.63	0.89	0.52	0.94	0.92	0.93
E_8	0.58	0.02	0.94	0.02	0.4	0.05	0.95	0.03	0.67	0.05	0.72	0.04	0.4	0.03
	0.7	0.94	0.49	0.92	0.82	0.93	0.63	0.89	0.61	0.9	0.49	0.95	0.9	0.95
E_9	0.55	0.02	0.9	0.06	0.44	0.03	0.95	0.03	0.67	0.05	0.78	0.06	0.41	0.03
	0.69	0.89	0.46	0.88	0.78	0.89	0.59	0.89	0.62	0.91	0.47	0.94	0.88	0.93
E_{10}	0.54	0.05	0.94	0.04	0.4	0.04	0.94	0.04	0.67	0.04	0.79	0.06	0.42	0.02
	0.66	0.92	0.5	0.91	0.77	0.9	0.6	0.9	0.6	0.94	0.53	0.88	0.9	0.91
E_{11}	0.5	0.02	0.94	0.03	0.48	0.04	0.92	0.06	0.67	0.05	0.74	0.06	0.41	0.06
	0.72	0.9	0.49	0.94	0.77	0.95	0.65	0.95	0.59	0.89	0.53	0.88	0.88	0.92
E_{12}	0.58	0.05	0.94	0.04	0.41	0.04	0.93	0.05	0.63	0.06	0.8	0.06	0.41	0.03
	0.72	0.92	0.45	0.9	0.82	0.93	0.6	0.88	0.58	0.94	0.53	0.88	0.91	0.95
E_{13}	0.5	0.06	0.98	0.03	0.46	0.06	0.95	0.05	0.64	0.03	0.76	0.06	0.4	0.06
	0.67	0.89	0.51	0.89	0.82	0.9	0.6	0.93	0.59	0.91	0.52	0.95	0.9	0.9
E_{14}	0.52	0.02	0.97	0.03	0.48	0.06	0.94	0.06	0.64	0.02	0.73	0.05	0.4	0.06
	0.65	0.91	0.46	0.88	0.77	0.93	0.58	0.92	0.58	0.89	0.51	0.9	0.88	0.95
E_{15}	0.58	0.04	0.93	0.02	0.46	0.03	0.92	0.05	0.67	0.04	0.75	0.05	0.41	0.04
	0.71	0.94	0.5	0.91	0.79	0.93	0.64	0.93	0.57	0.92	0.51	0.95	0.91	0.89
E_{16}	0.51	0.02	0.92	0.02	0.4	0.04	0.96	0.02	0.61	0.05	0.79	0.05	0.42	0.05
	0.69	0.95	0.46	0.9	0.77	0.89	0.64	0.95	0.62	0.94	0.51	0.89	0.91	0.93
E_{17}	0.58	0.04	0.91	0.02	0.47	0.04	0.93	0.03	0.66	0.02	0.78	0.05	0.39	0.03
	0.7	0.89	0.47	0.9	0.82	0.93	0.64	0.92	0.57	0.94	0.49	0.94	0.89	0.91
E_{18}	0.52	0.04	0.91	0.03	0.42	0.02	0.93	0.03	0.66	0.02	0.73	0.04	0.39	0.05
	0.67	0.92	0.5	0.92	0.78	0.9	0.56	0.88	0.61	0.89	0.53	0.88	0.92	0.89
E_{19}	0.54	0.03	0.96	0.03	0.49	0.05	0.96	0.05	0.61	0.04	0.8	0.03	0.43	0.06
	0.72	0.91	0.52	0.9	0.77	0.88	0.63	0.93	0.61	0.88	0.5	0.88	0.9	0.9

专家	噪声震动		事故污染		生态影响		交通影响		补偿标准		资金来源		工程质量	
	U_1		U_2		U_3		U_4		U_5		U_6		U_7	
E_{20}	0.54	0.06	0.93	0.02	0.45	0.03	0.93	0.05	0.67	0.05	0.71	0.05	0.42	0.05
	0.66	0.93	0.51	0.88	0.82	0.9	0.56	0.95	0.63	0.9	0.49	0.88	0.88	0.92

（2）专家意见可靠度检验。

在利用专家数据确定风险等级高低，需要对总体样本数据的变异系数、偏度系数和峰度系数进行检验。如果检验样本可靠性低，需要对专家数据进行调整优化。根据前文介绍的三个参数的算法可以得到检验结果，如表2-22所示。

表2-22　专家可靠度检验表

参数 风险	峰度 u_k	偏度 u_s	变异 u_v	合理
U_1	-1.097	0.212	0.051	是
U_2	-1.019	0.161	0.027	是
U_3	-1.288	0.156	0.070	是
U_4	-0.989	0.348	0.016	是
U_5	-1.008	-0.687	0.033	是
U_6	-1.329	-0.008	0.038	是
U_7	-0.786	0.003	0.042	是
峰度系数	$u_k = \sum_{i=1}^{n} (x_i - u_x)^4 \xi_i \big/ \left[\delta(x)\right]^4 - 3$			
偏度系数	$u_s = \sum_{i=1}^{n} (x_i - u_x)^3 \xi_i \big/ \left[\delta(x)\right]^3$			
变异系数	$u_v = \delta(x) / u_x$			

根据参数计算 U_1、U_2、U_3、U_4、U_5、U_6、U_7 风险的峰度系数略小于0，U_1、U_2、U_3、U_4、U_5、U_6、U_7 的变异系数略低于10%，超出部分均在合理范围内，所以无须优化调整。

2.4.2.2　基于交叉影响分析确定风险发生概率

通过专家讨论确定风险交叉影响矩阵，如表2-23所示。交叉影响的方向和程度如表2-24所示。

表2-23　风险交叉影响矩阵

风险		风险概率	对其他风险影响						
			噪声震动	事故污染	生态影响	交通影响	补偿标准	资金来源	工程质量
		P	U_1	U_2	U_3	U_4	U_5	U_6	U_7
噪音震动	U_1	0.537	0	0.5	0.5	0	0	0	0
事故污染	U_2	0.936	0.5	0	1	0.5	0	0	0
生态影响	U_3	0.440	0	0.5	0	0	0	0	0
交通影响	U_4	0.939	0.5	0	0	0	0	0	0
补偿标准	U_5	0.650	0	0	0	0	0	0.5	1
资金来源	U_6	0.759	0	0	0	0	1	0	1
工程质量	U_7	0.410	0.5	0.5	0.2	0.5	0	0	0

表2-24　交叉影响的方向和程度

交叉影响程度	无影响	弱负影响	弱正影响	中等负影响	中等正影响	强负影响	强正影响
a_{ij}	0	-0.5	$+0.5$	-0.8	$+0.8$	-1	$+1$

针对上述模型，主要是实现 N 次随机模拟，每次模拟可以使用 randsample 函数（即 randi 函数），在 0~1 之间取随机数 j 并与 P_i 比较，并通过计数器记录事件 D_i 发生频率及总试验次数，计算出现频率。随着 N 值增大，这个频率就会越来越接近所对应风险的实际大小 $P(A)$，如表 2-25 所示。

表2-25　交叉影响后概率对比

风险编号	风险因素	交叉前概率	交叉后概率	变化幅度
U_1	噪声震动	0.547	0.601	$+0.054$
U_2	事故污染	0.946	0.892	-0.054
U_3	生态影响	0.440	0.502	$+0.062$
U_4	交通影响	0.949	0.899	-0.05
U_5	补偿标准	0.659	0.666	$+0.007$
U_6	资金来源	0.768	0.785	$+0.017$
U_7	工程质量	0.410	0.388	-0.022

2.4.3　大型桥梁社会稳定风险影响因素权重

基于层次分析法，对大型桥梁风险影响因素的权重进行评定。

首先对七项准则建立判断矩阵，按其重要性排列顺序。基于专家讨论法确定如下：事故污染、生态影响属于微小危害，给1分；噪音震动属于轻度危害，给3分；交通影响属于中度危害，给5分；资金来源、补偿标准、工程质量属于重度危害，给7分，如表2-26所示。

表2-26 目标层判断表

准则	得分	噪声震动	事故污染	生态影响	交通影响	补偿标准	资金来源	工程质量	求和(V)	正规化(W)
		3	1	1	5	7	7	7	31	
噪音震动	3	1.000	3.000	3.000	0.600	0.429	0.429	0.429	8.886	0.097
事故污染	1	0.333	1.000	1.000	0.200	0.143	0.143	0.143	2.962	0.032
生态影响	1	0.333	1.000	1.000	0.200	0.143	0.143	0.143	2.962	0.032
交通影响	5	1.667	5.000	5.000	1.000	0.714	0.714	0.714	14.810	0.161
补偿标准	7	2.333	7.000	7.000	1.400	1.000	1.000	1.000	20.733	0.226
资金来源	7	2.333	7.000	7.000	1.400	1.000	1.000	1.000	20.733	0.226
工程质量	7	2.333	7.000	7.000	1.400	1.000	1.000	1.000	20.733	0.226
求和									91.819	1

第三专题 大型桥梁项目社会稳定风险评估实证研究

　　1982年1月，国务院批准黑河口岸为国家一类口岸。自1986年7月起，黑河口岸逐步开展省级地方贸易、边境易货贸易及国家贸易过货。1987年7月，苏联阿穆尔州执委会向黑龙江省人民政府提出合建黑河—布拉戈维申斯克黑龙江界河桥的建议，并商定各自向本国政府请示批准。1991年8月，国务院批准中苏合建黑河—布拉戈维申斯克黑龙江公路桥中方项目建议书。1991—1995年，中俄两国就黑河—布拉戈维申斯克黑龙江大桥建设开展了多轮会谈。1995年6月26日，中华人民共和国政府和俄罗斯联邦政府在莫斯科签署了《中华人民共和国政府和俄罗斯联邦政府关于共同建设黑河—布拉戈维申斯克黑龙江（阿穆尔河）大桥的协定》。此后，中俄双方就大桥建设合作开展了相关工作。1999年，俄方提出没有能力按照已签署协定建桥，大桥前期工作处于停滞状态。2004年，中俄会谈一致同意继续推进黑河—布拉戈维申斯克黑龙江公路桥前期工作，争取早日开工建设。2005年7月，国家发展和改革委员会以《国家发展改革委关于黑河—布拉戈维申斯克（俄罗斯）黑龙江公路大桥可行性研究报告的批复》（发改交运〔2005〕1350号）同意建设黑河—布拉戈维申斯克黑龙江公路大桥。此后，因俄方对外政策发生变化，黑河布拉戈维申斯克黑龙江大桥前期工作再次处于停滞状态。2013年以来，随着中俄两国政治经济往来的不断加强，两国重启黑河—布拉戈维申斯克黑龙江大桥建设前期工作，并就相关问题展开了多轮会谈。2015年9月3日，中华人民共和国政府和俄罗斯联邦政府在北京签署了"关于修订1995年6月26日签署的《中华人民共和国政府和俄罗斯联邦政府关于共同建设黑河—布拉戈维申斯克黑龙江（阿穆尔河）大桥的协定》的议定书"。为落实中俄两国议定事项，推动黑河（中国）—布拉戈维申斯克（俄罗斯）黑龙江（阿穆尔河）界河桥项目建设，2015年11月18日，黑龙江省人民政府与俄联邦阿穆尔州政府间进行了会谈，双方研究并确定了黑河（中国）—布拉戈维申斯克（俄罗斯）黑龙江（阿穆尔河）界河桥建设项目推进时间表，项目拟于2016年6月开工建设。拟建项目是贯彻国家"一带一路"倡议，加快"中蒙俄经济走廊"建设的重大项目，对于推进东北亚区域经济战略合作，特别是进一步强化提升中俄战略合作伙伴关系，构建国家全方位对外开放格局具有重要意义。拟建项目对于畅通黑龙江省对外开放"大通道"，加快陆海联运建设，着力打造国际商贸物流带、产业聚集带和互利共赢开放带，大力推进境内、境外产业协作发展，进一步发挥黑龙江省对俄开放的"桥头堡"和"枢纽站"作用，积极推进黑龙江省规划建设的"东部丝绸之路经济带"等具有极其重大的作用。

拟建黑河（中国）—布拉戈维申斯克（俄罗斯）黑龙江（阿穆尔河）界河桥（中国段）项目路线起于吉黑高速K2+240处，与丹阿公路、吉黑高速构成"十字"交叉后向东布线，在河南屯与四嘉子之间通过，而后在长发屯南侧开始跨江，至黑龙江大桥主桥中心终点，与俄罗斯境内大桥顺接。

拟建项目中国境内段的规划选址、建设用地预审、环境影响评价、压覆矿产资源、地灾危险性评估、地震安全性评价等已取得相关管理部门的批复意见。项目单位正在组织及配合相关部门开展并履行通航安全影响评价、防洪评价、水土保持方案、文物调查勘探等支持性文件的批复前工作。

本次评估工作在文案研究、公示、召开座谈会、实地踏勘走访、补充性问卷调查、专家评估的基础上，认为《风险分析报告》调查的全面性、公众参与的完备性和各方意见采纳情况、调查结果的真实性和可信性等内容不能满足相关要求。评估单位经梳理、补充识别后，确定拟建项目存在俄方政策、立项审批程序、征用范围、补偿标准、安置方案、资金到位、水体污染、技术经济方案、公共安全、质量安全、生产经营与劳动就业、交通出行、社会舆论、不可预见社会稳定风险因素等14个主要社会稳定风险因素，其中俄方政策、补偿标准、水体污染、生产经营与劳动就业、社会舆论等5个风险因素是拟建项目的关键性风险因素，而俄方政策变化、水体污染将对社会舆论产生影响，技术经济方案会对拟建项目征用范围、公共安全、质量安全、交通出行产生较大影响，质量安全风险会对拟建项目的水体污染环境风险产生较大影响。针对拟建项目各主要社会稳定风险因素，本次评估提出了相应的风险防范和化解措施，并辅以应急预案，以综合防范、化解拟建项目可能引发的社会稳定风险。

本次评估工作围绕拟建项目建设实施的合法性、合理性、可行性和可控性进行了客观全面的评估论证，采用定性、定量方法对拟建项目存在的主要社会稳定风险因素进行了估计，综合评估了拟建项目主要社会稳定风险因素的风险程度，并经加权计算，分析了项目的整体风险水平，评估认为拟建项目落实风险防范措施后的综合风险指数为0.326，风险等级为"低风险"。

评估建议有以下两个方面。

（1）关于国外风险。

鉴于拟建项目为中俄国际合作项目，大桥建设前期工作已历经近30年，期间国际政治经济形势及国际关系风云变幻，项目前期工作已两度停滞，俄方政策变化导致大桥停建、缓建的风险依然存在。中俄两国政府应在《中华人民共和国与俄罗斯联邦关于全面战略协作伙伴关系新阶段的联合声明》《中华人民共和国与俄罗斯联邦关于丝绸之路经济带建设和欧亚经济联盟建设对接合作的联合声明》框架下研究交通基础设施和物流合作项目。进一步发挥中俄投资合作委员会重要平台作用，改善两国投资环境，积极拓展合作领域，加强对外贸易政策交流，提高政府审批效率。加快推进和落实在能源和资源开发、生产加工、装备制造、基础设施建设等领域的重大投资项目，利用双方互补优势，促进产能合作，持续提升两国投资合作的规模和水平。努力提升中俄两国贸易额及黑龙江省对俄阿穆尔州贸易额，研究调整黑河口岸的进出口货物结构，使大桥的运量有足够的保障。项目单位更应关注国外风险，加强与相关外事部门的联系，做好风险预判和防范化解工作，并应加强与俄方磋商，防止中俄建桥时间不同步，致使大桥不能同步建成投入使用情况的发生。

（2）关于国内风险。

项目单位应严格按照国家相关的固定资产投资项目审批程序开展项目的前期工作，配合有关部门尽快完成通航安全影响评价、防洪评价、水土保持方案、文物调查勘探等相关支持性文件的审批工作，在项目获得投资管理部门的审批后方可组织开展招投标及进行施工。在征用土地、房屋、电力及通信设施的拆迁工作中应严格执行国家、省及地方政府的现行相关法律、法规和政策，加强与征地、拆迁补偿相关的法律、法规及政策的宣传工作，加强对补偿款支付的监督及透明度，使补偿款及时到位，对被征收房屋价值的补偿不得低于房屋征收决定公告之日被征收房屋类似房地产的市场价格，补偿安置方案应本着不降低被征地农民和被拆迁居民原有生活水平为原则。项目单位应加强外部联系，积极与地方政府的国土、房屋征收部门紧密结合，保障征地拆迁工作顺利开展，并以地方政府的社会保障系统为依托，建立健全社会保障体系。在设计阶段通过优化设计方案减少征地拆迁工程量，从源头预防和减少风险。对存在的水体污染、交通出行等影响，以及工程设计、施工、管理、运营等问题，项目单位、设计单位、施工单位和运营单位应按照国家现行的有关法律、法规、规章、标准及规范的规定进行优化和强化设计、施工、管理和运营活动，同时应加强与外部的联系，与项目所在地的规划、环保、交通、航务、航道、海事、林业、水务、边防、军分区、电力、通讯等部门紧密结合，做好规划衔接、环境监管、交通管理、征林、水土保持、边防、军事设施、电力及电讯设施迁改等工作。对存在的公共安全隐患，项目单位、设计单位、施工单位、大桥运营及养护单位应按照国家的有关规定完善内部管理制度，并按照国家有关法律、法规、规章、标准、规范的规定强化执行，加强防火防爆、防泄漏工作，同时加强与外部联系的工作，与安监、公安等部门紧密结合，避免第三方对大桥的破坏，保障大桥运行安全，并以地方的医疗、消防、社会保障系统为依托，建立健全应急保障系统。为有效化解矛盾，降低社会稳定风险，拟建项目沿线地方政府、基层政府和基层组织应统一思想，与黑龙江省人民政府、黑河市人民政府保持步调一致，共同做好与民众的沟通、解释工作。项目沿线的土地征用（包括临时征地）和补偿、青苗补偿、施工管理及存在的生产经营与劳动就业风险等问题是拟建项目维稳工作的重点和难点，处理不当易引发群体性事件，建议项目单位设置专门部门对优化设计和施工组织工作进行监管，并做好黑河港等受大桥运营影响的企业及员工的维稳工作，以防范、化解可能发生的群体性事件。项目单位应结合实际情况，配合各级政府的相关部门做好社会舆论宣传工作，营造良好的舆论环境，广泛宣传相关法律、法规，增强群众的法制观念，树立自觉遵纪守法的意识，同时要制定有针对性的风险防范措施，落实责任主体，并建立社会稳定动态评估机制，对风险进行跟踪监控，制定风险防范预案，及时排查隐患，确保项目顺利实施，并与地方政府的应急预案协调联动。项目单位与各级政府及相关部门应进一步做好公众参与工作，设置并畅通沟通渠道，及时将项目情况向各级政府、企事业单位和群众进行通报，随时听取和收集公众对拟建项目的意见，充分理解公众对生产、生活条件改变的担心，及时进行沟通和解释，积极妥善地处理好各类公众意见，避免有关纠纷事件的发生。项目单位应尽快落实项目建设资金，严防资金链断裂，并应做好因黑龙江省征地补偿区片价的调整和对项目沿线地方造成影响而增加的补偿资金预留工作。保证风险防范和化解措施的有效落实，以确保项目的顺利建设实施。

3.1　基本情况

3.1.1　项目概况

3.1.1.1　项目单位

黑河（中国）—布拉戈维申斯克（俄罗斯）黑龙江（阿穆尔河）界河桥项目拟由中俄合资公司——黑龙江阿穆尔河大桥开发建设有限公司进行建设，因中俄合资公司尚未成立，故现阶段项目单位为中俄合资公司中方股东公司——黑龙江省黑龙江大桥开发建设有限责任公司。

依据中俄双方多次会谈及签署的相关协议，本项目建设运营模式为中国黑龙江省人民政府和俄联邦阿穆尔州政府（称为"出让人"）成立中俄合资公司（称为"承租人"），根据出让人和承租人签订的特许合同，承租人自费建设该项目，从事与项目运营、管理、维护相关的工作。项目建成后，其所有权按照中俄国境划分，分别归中国黑龙江省和俄联邦阿穆尔州。出让人有义务在特许合同确定的期限内将项目的拥有权和使用权授予承租人从事上述工作。项目建成后承租人通过收费偿还贷款。本项目的法人应为中俄合资公司——黑龙江阿穆尔河大桥开发建设有限公司，但由于该公司尚未成立（该公司成立的前提之一是本项目可研批复完成），本项目可研上报由拟成立的合资公司的中方股东公司——黑龙江省黑龙江大桥开发建设有限责任公司完成。

3.1.1.2　建设地点

黑河（中国）—布拉戈维申斯克（俄罗斯）黑龙江（阿穆尔河）界河桥（中国段）工程拟建设地点位于黑龙江省黑河市爱辉区。

3.1.1.3 项目建设的背景和必要性

（1）建设背景。

1986年，黑河口岸恢复对苏联阿穆尔州边境贸易后，通过黑河—布拉戈维申斯克口岸过境的人员和货物急剧增加，从而给黑河—布拉戈维申斯克口岸运输带来沉重压力；同时，因受黑龙江每年春秋两季流冰期的影响，导致大量人员和货物因过境困难而出现严重的滞留和积压现象。在这一背景下，苏联阿穆尔州执委会于1987年7月分别向原黑河行署和黑龙江省人民政府提出了合作建设黑龙江大桥的建议，双方商定各自向本国中央政府请示报告。我国外交部于1989年2月受国务院委托以"外苏函〔1989〕80号"对建桥问题函告黑龙江省人民政府，指出如果黑龙江省认为需要，可以先对建桥问题从经济效益和技术角度加以论证，提出报告。同年6月，黑龙江省人民政府以"黑发〔1989〕91号"文件向国务院呈报了〈关于拟建中苏黑龙江铁路大桥中方经济技术可行性分析〉。1990年初，黑龙江省人民政府按照原国家计委要求增报了公路桥方案。同年5月，国家计委委托中国国际工程咨询公司对该项目进行了评估论证，提出建桥是必要的，从运量的增长、技术和资金筹措等方面综合考虑，建议初期以修建公路桥为宜。同年7月，黑龙江省计委向国家计委报送了《中苏合建黑河—布拉戈维申斯克黑龙江公路大桥项目建议书》。1991年8月15日，国家计委以《关于审批中苏合建黑河—布拉戈维申斯克黑龙江公路桥中方项目建议书的请示》（计交通〔1991〕1129号）及《印发〈关于审批中苏合建黑河—布拉戈维申斯克黑龙江公路桥中方项目建议书的请示〉的函》（计交通〔1991〕1257号）通知黑龙江省国务院已经批准该项目建议书，并要求与苏方接触开展可行性研究工作。据此，黑龙江省公路勘察设计院受黑河行署委托在1993年5月完成了该项目工程可行性研究报告的编制工作，经中国国际工程咨询公司评估后，黑龙江省于1993年8月以"黑计交字〔1993〕726号"文件上报国家计委。1995年3月，我国外交部和俄联邦外交部分别在北京和黑河举行会谈，双方商定《中华人民共和国政府和俄罗斯联邦政府关于共建黑河—布拉戈维申斯克黑龙江（阿穆尔河）大桥的协定》草案。1995年6月26日，在李鹏总理访俄期间，国务院副总理吴邦国和俄政府副总理达维多夫分别代表本国政府签署了《中华人民共和国政府和俄罗斯联邦政府关于共建黑河—布拉戈维申斯克黑龙江（阿穆尔河）大桥的协定》（以下简称《建桥协定》），该协定于 1995 年 9 月 1 日正式生效。1997 年 9 月，天津水运工程科学研究所完成《黑河—布拉戈维申斯克黑龙江大桥水工模型（定床）试验》，并分别于同年 10 月和 1999 年 7 月通过中俄双方验收，中俄双方确认了大桥通航标准。桥轴线位置和通航孔布设等相关事宜。由于受经济环境影响，阿穆尔州政府和阿穆尔州大桥公司始终没有开展《建桥协定》有关条款规定其应承担完成的桥梁上部设计工作，并于 1999 年末正式向黑河市人民政府提出没有能力按照《建桥协定》确定的投资各半、产权各半的原则投资建桥。此后，大桥前期工作一度处于停滞状态。

随着俄罗斯经济环境的逐步改善，阿穆尔州政府对建桥问题呈现出积极态度，双方展开多次会谈后，于 2004 年 3 月 12 日达成协议，一致同意继续推进公路桥前期工作，争取早日开工建设。根据会谈精神，黑龙江省公路勘察设计院于 2004 年重新修订了工可研报告。2005 年 7 月，国家发展和改革委员会以《国家发展改革委关于黑河—布拉戈维申斯克（俄罗斯）黑龙江公路大桥可行性研究报告的批复》（发改交运〔2005〕1350 号）同意建设黑河—布拉戈维申斯克黑龙江公路大桥。但由于俄罗斯外交政策的变化，大桥未能按预期建设，大桥的建设再次停滞。

2013 年以来，随着俄方对外政策的变化以及中俄两国贸易的不断增长，两国重启黑河大桥建设工作。2013 年 10 月，中俄两国在《中国黑龙江代表团与俄罗斯联邦阿穆尔州代表团关于推进黑河—布拉戈维申斯克黑龙江（阿穆尔河）大桥建设问题会谈纪要》中明确"双方同意，在平等的基础上成立联合的大桥建设公司。该公司负责大桥的投资、设计、建设、使用与管理"。2014 年 4 月，中华人民共和国交通运输部与俄罗斯联邦运输部在俄罗斯布拉戈维申斯克签订了《中俄跨境基础设施联合工作组第一次会议纪要》，就黑河—布拉戈维申斯克大桥和跨江索道等项目开展进一步合作。根据 2014 年 7 月签订的《中国黑龙江省代表团与俄罗斯联邦阿穆尔州代表团关于推进黑河—布拉戈维申斯克黑龙江（阿穆尔河）大桥建设问题会谈纪要》《编制黑河（中国）—布拉戈维申斯克（俄罗斯）黑龙江界河桥（第一阶段，公路桥）建设设计文件技术任务书》（2014 年 11 月）及 2014 年 12 月签订的《黑龙江省公路勘察设计院、上海市城市建设设计研究总院与莫斯科国立桥梁建筑设计股份公司关于在黑河

（中国）—布拉戈维申斯克（俄罗斯）黑龙江（阿穆尔河）界河桥设计方面的合作协议》等文件，确定由俄方牵头大桥的设计工作，并负责大桥的总体方案及俄方境内主桥、引桥、卡尼库尔干汉流桥及引道的设计工作，中方负责中方境内主桥、引桥及引道的设计工作。2014年12月，中俄双方签订了《黑龙江代表团与阿穆尔州代表团关于推进黑河（中国）—布拉戈维申斯克（俄罗斯）黑龙江（阿穆尔河）大桥建设问题会谈纪要》，对界河桥的资金来源进行了协商，会后黑龙江省交通运输厅将协商情况上报省委、省政府批示，最后明确本项目的资金组成，即中方资金由国家补贴和黑龙江省人民政府自筹解决，俄方资金向中方境内银行申请贷款解决。2015年9月3日，中俄双方在北京签署了《1995年6月26日签署的〈中华人民共和国和俄罗斯联邦政府关于共同建设黑河—布拉戈维申斯克黑龙江（阿穆尔河）大桥的协定〉的议定书》（以下简称《议定书》），对1995年中俄双方签订的《建桥协定》做了补充和修改。2015年11月，中俄双方在哈尔滨签署了《中国黑龙江省人民政府与俄罗斯联邦阿穆尔州政府间会谈纪要》，对于中俄合资公司的注册工作、界河桥建设的推进时间等达成一致意见。据此，黑龙江省公路勘察设计院对2005年编制的《中俄合建黑河—布拉戈维申斯克（俄罗斯）黑龙江公路大桥工程可行性研究报告》进行了补充与修改，并于2015年12月出版了《黑河（中国）—布拉戈维申斯克（俄罗斯）黑龙江（阿穆尔河）界河桥工程可行性研究报告》（以下简称《可研报告》）。

（2）项目建设的必要性。

一是建设丝绸之路经济带和21世纪海上丝绸之路，促进中俄两国经济繁荣与区域经济合作的需要。2013年9月和10月，中国国家主席习近平在出访中亚和东南亚国家期间，先后提出共建"丝绸之路经济带"和"21世纪海上丝绸之路"（以下简称"一带一路"）的重大倡议，得到国际社会高度关注。中国国务院总理李克强参加2013年中国-东盟博览会时强调，铺就面向东盟的海上丝绸之路，打造带动腹地发展的战略支点。加快"一带一路"建设，有利于促进沿线各国经济繁荣与区域经济合作，加强不同文明交流互鉴，促进世界和平发展，是一项造福世界各国人民的伟大事业。国家发展改革委、外交部、商务部于2015年3月28日联合发布了《推动共建丝绸之路经济带和21世纪海上丝绸之路的愿景与行动》，其中对内蒙古、黑龙江、吉林、辽宁、北京的定位是，建设向北开放的重要窗口，发挥内蒙古联通俄蒙的区位优势，完善黑龙江对俄铁路通道和区域铁路网，以及黑龙江、吉林、辽宁与俄远东地区陆海联运合作，推进构建北京—莫斯科欧亚高速运输走廊。黑龙江省"一带一路"总体上呈东西走向，起自黄渤海、东南亚沿海和俄罗斯远东港口，经哈同、绥满、哈黑、沿边铁路四条干线通达边境口岸，出境后与俄罗斯横跨欧亚的西伯利亚、贝阿铁路相连，向西抵达欧洲。黑龙江陆海丝绸之路经济带对外辐射东北亚国家和地区及欧洲，重点是俄罗斯及欧盟；对内辐射我国东北、华北、华东、华南地区，重点是环渤海、长三角、珠三角。本项目是黑龙江省"一带一路"战略对外沟通的重要节点。

2014年5月，俄罗斯总统普京与中华人民共和国主席习近平在上海会晤并发表了《中华人民共和国与俄罗斯联邦关于全面战略协作伙伴关系新阶段的联合声明》。该联合声明中提出"继续努力推动双边贸易额在2015年前达到1000亿美元、在2020年前达到2000亿美元"。从联合声明中可以看出两国领导人对发展双边贸易的决心。目前两国受黑龙江阻隔，缺少直接沟通的通道，经贸往来并不顺畅，影响了两国经贸的发展。"一带一路"的建设迫切需要在中俄两国之间进一步打通黑龙江天堑的阻隔。

二是充分利用东北地区地缘优势，开辟新的欧亚旅贸大通道，发展区域经济、振兴东北老工业基地的需要。黑龙江省位于中国东北部，是中国位置最北、纬度最高的省份。北部、东部与俄罗斯为界，西部与内蒙古自治区相邻，南部与吉林省接壤。黑龙江省的地理位置决定了黑龙江省向西与俄罗斯进行经贸往来必须要打通黑龙江对中俄两国的阻隔。

中共中央、国务院在《中共中央、国务院关于实施东北地区等老工业基地振兴战略的若干意见》（中发〔2003〕11号）中明确指出："东北地区拥有丰富的自然资源、巨大的存量资产、良好的产业基地、明显的科教优势、众多的技术人才和完备的基础条件，要发挥与俄罗斯、日本、韩国、朝鲜等国毗邻的区位优势，加强同周边国家的合作，充分利用东北地区现有港口条件和优势，依托黑河、绥芬河、珲春等对俄口岸，扩大与俄罗斯等国的经贸合作。在引进来的同时，加快实施走出去战略。"黑龙江省是中俄两国相接壤边境线最长的省份，边境往来已有130多年的历史，特别是我国对内实行改革、对外实行开放以来，黑龙江省提出"要加速完善口岸设施，加快黑河、洛古河大桥建设"。

党中央、国务院决定实施东北地区等老工业基地振兴战略以来，东北经济社会发展取得巨大成就，但目前也面临新的挑战，2014年以来经济增速持续回落。为巩固扩大东北地区振兴发展成果、努力破解发展难题、依靠内生发展推动东北经济提质增效升级，国务院在《国务院关于近期支持东北振兴若干重大政策举措的意见》（国发〔2014〕28号）中指出"要加快推进重大基础设施建设，要规划建设一批重大基础设施工程，破解发展瓶颈制约"。

目前，中俄两国的贸易往来已由早期的易货贸易、小额贸易逐步向国际贸易、高附加值产品及资源开发方向迅速发展，并通过黑龙江省逐步向两国腹地延伸，合作领域逐步拓宽。本项目的建设打通了欧亚大陆间的陆路运输通道，解决了东北地区对俄商贸过境运输问题，会极大地促进东北地区对俄贸易的发展，对于促进东北老工业基地复兴，提振东北地区经济发展具有积极作用。

三是改善黑河口岸通关环境，大幅降低中俄两国运输成本，实现我国对俄贸易升级的需要。中俄两国黑河—布拉戈维申斯克目前的货运和客运方式，在夏季主要是客货船舶和轮渡汽车运输，冬季是浮箱固冰通道运输，春秋流冰期间只能用气垫船运输少量的旅客，大宗商品需要绕行其他口岸运输。现有的几种运输方式效率低、成本高，而且不能全天候通行，严重制约了中俄两国的经贸发展。

大桥建成后，以黑河、布拉戈维申斯克两个城市为中心，东进可抵达俄远东人口稠密地区，西出可进入俄腹地和欧洲各国，南下可至中国内地、东南沿海、港澳台地区、朝鲜半岛、日本、东南亚各国。从货物运输里程上分析，根据黑龙江交通运输部门测算，从黑河口岸进入俄罗斯腹地，比从绥芬河和东宁近1500km。如以哈尔滨为集散地，俄西北部货物到达腾达—斯科沃罗季诺再分流到满洲里和黑河口岸，经黑河口岸比经满洲里口岸近644km；俄东北部货物到共青城—沃罗洽耶夫再分流到黑河和绥芬河口岸，经黑河口岸比经绥芬河口岸近152km；货物从雅库茨克发出，经黑河口岸比经满洲里口岸近2051km，比经绥芬河口岸近1786km，可以大幅降低中俄货物流通的综合费用。从单位客货运输成本上分析（采用人民币进行分析），黑河口岸现有浮箱固冰通道汽车运输收费标准客运50元/人、货运为34~39元/吨；船运收费标准客运108元/人、货运105元/吨；气垫船收费标准客运180元/人；轮渡收费标准客运货运100元/吨。新建黑龙江大桥后采用汽车运输，收费标准客运25元/人、货运30元/吨。根据交通量预测，2021年黑龙江大桥建成通车第一年客运量158万人，货运量325万吨；2035年黑龙江大桥客运量253万人，货运量574万吨。经初步测算，按照现有收费标准大桥建成通车后15年能为中俄两国节约运费20亿元以上，经济效益十分明显。

黑龙江大桥的建设能够改善黑河口岸的通关环境，极大地降低运输成本，吸引更多的过境交通量，从而促进中俄两国经贸的进一步发展。

四是促进黑河市社会经济发展，打通黑龙江省向北发展空间的需要。黑河市与阿穆尔州首府布拉戈维申斯克市隔江相望，是中国与相毗邻的独联体国家边境线上唯一一对规模最大、距离较近、功能齐全、交通便利的对应城市。这两座城市是建设中国东北地区与俄罗斯远东地区新的欧亚商贸大通道的最佳位置。黑河在全市社会经济发展中，依靠地缘优势，努力发展外向型经济。在经济产业布局上，将沿江市县边境区域规划为对俄贸易区和外向型经济发展区，着力发展对俄贸易。近几年，黑河口岸年出入境人数过百万已成常态化，口岸年货物运输量接近40万吨。同时，黑河市充分发挥地缘优势和桥梁纽带作用，把近6000家企业和商户紧密联系在一起。目前，开放中的黑河已经成为东北亚经济格局的重要组成部分，它的作用将随着中俄两国经济贸易的迅速发展更加明显地凸现出来。在开展边境贸易的同时，黑河市致力于发展边境旅游，目前已开辟黑河经过克拉斯诺亚尔斯克至北冰洋、北极旅游线；黑河至莫斯科、圣彼得堡旅游线；黑河至庙街、苏维埃港、萨哈林岛的旅游线；布拉戈维申斯克经过黑河至瑷珲古城、五大连池风景区、哈尔滨、大连、北京及全国各旅游景区等数条黄金旅游热线，边境旅游业已成为黑河经济发展和财政收入的主要产业之一。黑河与阿穆尔州，在近十几年的经济技术合作中已经由初期的互补性逐步转化为较强的依存性。阿穆尔州地大物博，资源丰富，但是人口稀少，劳动力与相关技术匮乏，各类电子、轻纺产品、食品、果蔬等生活必需品大多依靠黑河地区供给，市场需求量呈上升趋势，是中俄两国经济技术合作较有潜力的地区之一。目前，利益的共同性和需求的互补性已成为黑河市与阿穆尔州之间经济贸易合作的两大支柱。随着全球经济一体化的逐步发展，国际经济合作、区域经济合作、黑河市与阿穆尔州之间的合作，以及各种生产要素在国家和地区之间的流动和组合，必将形成不可抗拒的渗透力和凝聚力，从而推动黑河、阿穆尔州沿边地区经济迅速崛起，促进黑河与阿穆尔州地区社会经济的大发展、快发展。

但是，有史以来黑河口岸主要依靠明水期船舶运输，全年航运期仅为170d。近年开辟的冬季浮箱固冰通道运输，每年也只有130d左右。尚有约65d春秋两季流冰期中断运输，货物积压和人员滞留情况十分严重，不仅使双方丧失很多贸易机遇，而且成本高，行车和人身安全无法保障，极不适应两国间经贸往来和客货运量发展的迫切需要。黑河与阿穆尔州之间的交通不畅，限制了黑河市国际经济与贸易的进一步发展，削弱了黑河这一窗口城市对黑龙江省的辐射作用，制约了黑龙江省进一步向东发展中俄经贸的空间。因此打造一条全天候的客运、货运通道迫在眉睫。

大桥建成以后，可打通黑河与布拉戈维申斯克市之间的交通瓶颈，黑河与布拉戈维申斯克市将逐步成为东北亚地区人流、物流中心和货物集散地，对于东北亚地区，特别是黑龙江省向北发展边境贸易具有极大的促进作用，对于黑龙江省社会经济发展、人员就业、发展外向型经济等都具有重要的战略意义。

综上，黑河—布拉戈维申斯克口岸地处欧亚大通道的咽喉要塞，在此建设黑龙江公路界河桥，开辟新的国际运输通道，地理位置优越，总体布局合理。拟建项目是贯彻国家"一带一路"倡议，加快"中蒙俄经济走廊"建设的重大项目，符合国家产业政策及发展规划，对于推进东北亚区域经济战略合作，特别是进一步强化提升中俄战略合作伙伴关系，构建国家全方位对外开放格局具有重要意义。拟建项目符合黑龙江省国民经济和社会发展第十三个五年规划，对于畅通黑龙江省对外开放"大通道"，加快陆海联运建设，着力打造国际商贸物流带、产业聚集带和互利共赢开放带，大力推进境内、境外产业协作发展，进一步发挥黑龙江省对俄开放的"桥头堡"和"枢纽站"作用，积极推进黑龙江省正在规划建设的"东部丝绸之路经济带"等均具有重要的作用。拟建项目可扩大投资，促进就业。项目建成后，路网优化、运输成本降低、对俄开放的区位优势等将得以充分发挥，可大量积聚生产要素，扩大境内外投资，形成新的经济增长点，有利于加快破解黑龙江省经济发展难题。

3.1.1.4 交通量预测

《可研报告》收集了项目影响区的社会、经济及交通运输资料，采用"间接法"对交通量进行了分析预测。

3.1.1.5　技术标准

《可研报告》中推荐了拟建项目的主要技术。

3.1.1.6　建设方案

（1）路线。

《可研报告》中推荐拟建项目主线全线新建，路线起于吉黑高速，与丹阿公路、吉黑高速构成"十字"交叉，路线向东布线在河南屯与四嘉子之间通过，而后在长发屯南侧开始跨江，至黑龙江大桥主桥中心与俄罗斯境内大桥顺接。

（2）路基。

《可研报告》中提出按工程地质、水文地质、填筑材料及桥涵设计标高等因素综合考虑进行路基高度设计；路基边坡坡率采用1∶1.5，大于6m处边坡坡率采用1∶1.75，浸水路堤在设计水位以下的边坡坡率不宜陡于1∶1.75；路基压实度按《公路工程技术标准》JTGB 01—2014中二级公路规定标准执行；对塔头地、水田、河滩地等不良地质地段采用清淤换填砂砾进行处理；排水工程在道路两侧依据需要设置浆砌片石梯形排水沟；防护工程填高小于4m植草，填高在4m及以上时采用流水带拱形防护，河滩路基采取水泥混凝土预制块满铺防护。

（3）路面。

①主线。《可研报告》中推荐主线采用沥青混凝土路面结构，上面层采用5cmAC-16中粒式改性沥青混凝土，下面层采用6cm AC-20中粒式改性沥青混凝土，柔性基层采用10cm ATB-25沥青碎石，基层采用36cm 4.5%水泥稳定级配碎石，底基层采用20cm 5%水泥稳定砂砾。

②监护中队连接线、合资公司连接线。《可研报告》中推荐监护中队连接线、合资公司连接线采用沥青混凝土路面结构，上面层采用5cm AC-16中粒式沥青混凝土，下面层采用6cm AC-20中粒式沥青混凝土，基层采用20cm 4.5%水泥稳定级配碎石，底基层采用20cm 5%水泥稳定砂砾。

（4）桥梁、涵洞。

①黑龙江大桥。

a.桥址。1992年9月阿穆尔州政府正式向黑河市人民政府提出了俄方卡尼库尔干—中方长发屯桥址方案（桥址方案三），中俄在1995年签订的《建桥协定》中明确"界河桥位于中方境内距黑河7公里的长发屯和俄方境内距布拉戈维申斯克7.5km的卡尼库尔干村地区",中俄在2014年11月签订的《编制黑河（中国）——布拉戈维申斯克（俄罗斯）黑龙江界河桥（第一阶段，公路桥）建设设计文件技术任务书》中亦明确了大桥引道的起终点接线位置。因此，《可研报告》中认为本项目桥址方案唯一、确定，该桥址位于黑龙江与结雅河交汇口下游约4.3km的江段上，在黑河市下游约7km处的长发屯附近。

b.桥长、桥跨布置及桥型。《可研报告》中推荐方案采用矮塔斜拉桥，下部结构主桥采用实体桥墩，引桥采用柱式墩，肋板式桥台，均采用钻孔灌注桩基础。

②其他桥梁、涵洞。《可研报告》中提出主线除黑龙江大桥外，还需新建中桥1座（52.84m），小桥1座（34.24m），新建钢筋混凝土箱涵7道（155.4m），连接线新建钢筋混凝土箱涵2道（25m）。桥梁上部结构采用预应力混凝土空心板，下部结构采用柱式桥墩、柱式桥台，基础均采用钻孔桩基础。

（5）路线交叉。

《可研报告》中提出共设置平面交叉5处。其中在K0+000与吉黑高速和丹阿公路交叉，由于吉黑高速与本项目交叉处已经位于黑河收费站外，属于吉黑高速黑河出口段公路，一级公路标准，该处交叉采用渠化的十字交叉；本项目在K1+210与丹阿二级公路平交，采用渠化交叉的方式；本项目在K2+400和K3+500处分别与二公河右岸和左岸回水堤平交，两处回水堤高程为129.53m，交叉处路线标高均不低于堤坝高程。本项目在K0+360与机耕路平交，采用加铺转角方式。

（6）交通工程及沿线设施。

《可研报告》中提出合并设置收费站，监控通信站、养护道班及中俄大桥合资公司用房1处，总计占地面积30000m²，房建面积4300m²。设置的监护中队用地面积7600m²，房建面积2200m²。在桥头设置联合检测区。联检区域规划设计与本项目同期实施，其建设资金由口岸办另行向国家和黑龙江省的相关管理部门申请补贴，总建设资金纳入本项目的总体投资中。联检大厅至黑龙江大桥桥头处采用封闭措施。其余沿线所设置的警告标志、禁令标志、指示标志及指路标志等交通标志及标线，其形状、尺寸和颜色均按照《道路交通标志和标线》GB 5768—2009的相关规定执行。

（7）照明。

《可研报告》中提出设置路灯260盏。

3.1.1.7　建设期

《可研报告》根据拟建项目的实际情况，确定拟建项目的建设期为5年。

3.1.1.8　环境影响

黑龙江兴业环保科技有限公司编制的《黑河（中国）—布拉戈维申斯克（俄罗斯）黑龙江（阿穆尔河）界河桥工程环境影响报告书》（2015年10月版电子稿）中提出了环境影响目标。

3.1.1.9　资源利用

（1）土地资源利用。

项目所在地位于黑河市东南部，地势比较平坦，所属地带类型为平原微丘区，地表植被以耕地、林地和荒地为主。本项目发生永久占地以耕地、林地、河滩地和荒地为主，发生的临时用地以荒地为主。本项目用地符合《公路工程项目建设用地指标》的要求。土地是关系国计民生的重要战略资源，耕地是广大农民赖以生存的基础，我国土地资源紧缺，合理利用和切实保护耕地是我国的基本国策。通过合理的工程方案，科学控制占地数量，实现节约用地目标。通过基本农田补划方案和耕地补充方案，以达到耕地保有量和基本农田保护率不减少，质量不降低。

在设计中，严格执行国家、省部关于土地管理的政策，坚持合理利用和节约用地，尽量少占和不占耕地，尤其是少占基本农田的原则。根据速度目标、运输组织要求、工程地质条件、节约利用土地资源、减少占用耕地特别是基本农田，统筹考虑土地节约、环境保护、城市发展等因素，进行多方案比选。在项目的设计过程中严格贯彻"十分珍惜、合理利用土地和切实保护耕地"的基本国策，具体措施如下。

①根据沿线土地利用总体规划，将占用耕地数量作为首要考虑因素。

②为减少对土地的分割、避免形成新的交通走廊，充分利用既有公路原有用地，尽量采用低填浅挖路基。

③路基土石方工程尽量移挖作填。取土场尽量选择在荒地，少占良田。并采用回填复耕种植土等方法，对临时用地占用的耕地应依法复耕。

④在技术条件满足的前提下，尽可能优化桥梁结构的形式，减少桥梁的占地。

⑤临时工程设施布置时，在满足工程需要的前提下，严格控制其规模、标准，尽量减少占地数量，尤其是少占耕地，充分考虑永临结合，及时做好临时用地的复垦工作。

（2）水资源利用。

本项目需要新建养护大道班、收费站、监控通信站、中俄合资公司和监护中队各1处，运营阶段5处设施预计每年共消耗水780t。施工期及运营期采用节水型设备和器具，减少用水量，在现场设置雨水、污水处理池，经过处理的雨水和污水用于冲洗车辆、降尘、灌溉等。

（3）矿产资源综合利用。

项目建设占地不存在压覆矿产资源储量的问题。

（4）施工用料的合理使用。

拟建项目的建设要消耗大量砂石、水泥、沥青及钢材，这些材料都是不可再生资源，有些材料的使用会对环境造成一定的影响。因此，在施工过程中要节约施工用料。尽量选用环保建筑材料，节约和合理利用建筑材料。优先采用当地的原材料，节约资金，合理地利用当地材料和资源，设计中尽量考虑就近、就地采购，以减少运输费用和繁荣地方经济。

（5）能源的合理使用。

在工程施工期间，施工机具使用燃油、电能，路面及路基中使用沥青、水泥等，桥梁等构造物使用钢材、水泥、木材等，将直接或间接消耗较多的能源。能源的合理使用措施如下。

①设计阶段节能措施。项目建设标准与规模按交通部颁发的有关标准、规范和规程执行。在满足行业标准、规范的前提下，工程勘察设计时应尽量减少耗能，增加节能设计。针对高等级公路的耗能和节能特点，可采用如下设计原则。

a.尽量采用低路堤，减少土石方工程数量，节约汽柴油消耗。

b.公路线形的设计尽量采用高指标（最大纵坡不宜超过5%），提高车辆通行能力，节约汽车燃料消耗。

②施工期间节能措施。

a.制订合理施工能耗指标，提高施工能源利用率。施工现场分别设定生产、生活、办公和施工设备的用电控制指标，定期进行计量、核算，对比分析，并有预防及纠正措施。

b.强化现场材料管理，建立钢材、沥青、木材、水泥、砂石料等大宗材料进场验收管理制度；钢材、沥青、木材、水泥、砂石等材料的消耗达到分解指标；优先采用高效钢筋与预应力技术、钢筋直螺纹连接、电渣压力焊技术等节材效果明显的新技术；施工模板以节约木材为原则，提倡使用以钢代木、以竹代木及新型模板体系。

c.优先使用国家、行业推荐的节能、高效、环保的施工设备和机具，选择功率与负载相匹配的施工机械设备，避免大功率施工机械设备低负载长时间运行。选择逆变式电焊机和能耗低、效率高的手持电动工具等，以利节电；机械设备宜使用节能型油料添加剂，在可能的情况下，考虑回收利用，节约油量。

d.在施工组织设计中，合理安排施工顺序、工作面，以减少作业区域的机具数量，相邻作业区充分利用共有的机具资源。安排施工工艺时，应优先考虑耗用电能或其他能耗较少的施工工艺，避免设备额定功率远大于使用功率或超负荷使用设备的现象。

e.利用场地自然条件，合理设计生产、生活及办公临时设施的外形、朝向、间距和窗墙面积比，使其获得良好的日照、通风和采光。临时设施宜采用节能材料，墙体、屋面使用隔热性能好的材料，减少夏天空调设备的使用时间及耗能量，在其外墙窗设遮阳设施。合理配置空调、风扇数量，规定使用时间，实行分段分时使用，节约用电。

f.临时用电优先选用节能电线和节能灯具，临时用电线路合理设计、布置，临时用电设备宜采用自动控制装置，采用声控、光控等照明灯具。照明设计以满足最低照度为原则。

③运营期间节能措施。

a.道路运输管理机构要运用行政许可制度调整道路运输运力结构。客运装备方面，引导推荐运输企业及车主选用高效低耗的新型车辆；货运装备方面积极引导发展集装箱、厢式货车等集装化运输，逐步提高其在运营车中的比重，采用大吨位的专用车辆运输，推进拖挂、甩挂运输，提高牵引车利用率。

b.各级公路管理机构要提升养护水平，加强预防性、及时性养护，保持公路的良好技术状况和安全畅通，提高路面耐久性，延长公路使用寿命。要积极推广废旧沥青混合料再生利用、改性沥青、乳化沥青等环保经济型技术在养护工程中的应用。

c.推广使用燃油节能添加剂，燃油清净剂、润滑油节能添加剂，子午线轮胎等汽车节能技术；推广汽车节能驾驶操作技术，增强驾驶员的节能意识，全面提高驾驶技术水平。

3.1.1.10 征（占）地、拆迁

（1）征（占）地。

《可研报告》中提出本项目主线发生永久占地23.3390hm²，所占用的土地以耕地、林地、河滩地和荒地为主；两条连接线发生永久占地4.3340hm²，所占用的土地均为耕地。

（2）拆迁。

《可研报告》中提出本项目拟拆迁砖房面积550m²。迁移电力线315m、电信线420m、高压塔2处。

3.1.1.11 社会环境概况

（1）影响区现状及发展。

本项目位于黑河市所辖的爱辉区。

①黑龙江省。黑龙江省位于我国东北边陲，其西面与内蒙古自治区毗邻，南部与吉林省接壤，北部和东部隔黑龙江、乌苏里江与俄罗斯相望，与俄罗斯远东地区的赤塔州、阿穆尔州、犹太自治州、滨海边疆区和哈巴罗夫斯克边疆接壤，与俄罗斯边界全长3045km。黑龙江省的地理位置处于东北亚区域腹地，是亚洲及太平洋地区陆路通往独联体国家和欧洲大陆的重要通道，区位条件独特。全省拥有25个国家一类口岸和9个边境互市贸易区，是中俄贸易交流的主要窗口。黑龙江省现辖哈尔滨市、齐齐哈尔市、鸡西市、鹤岗市、双鸭山市、大庆市、伊春市、佳木斯市、七台河市、牡丹江市、黑河市、绥化市和大兴安岭地区共13个地级行政单位，19个县级市，46个县，69个市辖区，931个乡镇，省会设于哈尔滨市。与其他省区不同，黑龙江省由于独特的区位特点和历史原因，拥有宝泉岭局、红兴隆局、建三江局、牡丹江局、北安、九三局、齐齐哈尔局、绥化局、哈尔滨局和总局等10个直属农场垦区，这些农场垦区散落分布于全省各地。到2014年底，全省共有人口3835万人。黑龙江省地域

辽阔，自然资源丰富，在已查明的131种矿产资源中，探明储量的有75种，居全国首位的有石油、石墨、矽线石、颜料黄黏土、长石、铸石用玄武岩、岩棉用玄武岩、火山灰、玻璃用大理岩和水泥用大理岩10种；位居全国第二位的有铼、硒、玻璃用脉石英、陶粒用黏土等4种；位居全国第三位的有金、泥炭、熔炼水晶、沸石、饰面用辉长岩和珍珠岩等6种；全省64种主要矿产资源保有储量的潜在总价值为14286亿元。全省耕地面积1170.6×10⁴hm²，耕地面积和农机总动力居全国第一，粮食商品量和专储量一直居全国首位，占全国的1/10左右。森林面积2007×10⁴hm²，林木蓄积量15×10⁸m³，森林覆盖率达43.6%。主要盛产红松、落叶松、水曲柳、黄菠萝等珍贵树种和人参、猴头蘑、刺五加、蕨菜、香菇等多种土特产品。野生动物种类繁多，有东北虎、马鹿、梅花鹿、黑熊、紫貂等五十多种珍奇野生动物。水资源丰富，境内有黑龙江、松花江、乌苏里江和绥芬河4大水系，主要湖泊有兴凯湖、镜泊湖和五大连池等，全省水资源总量620×10⁸m³，居东北之首。黑龙江省境内旅游资源十分丰富，特殊的地理环境构成了独特的旅游资源。冬季雪量大、雪期长、雪质好，适于滑雪、冰灯和冰雪等旅游项目；夏季凉爽，众多的江河湖泊和浩瀚的林区是避暑的好去处；黑龙江省与俄罗斯接壤有3000km的边境线，其中界江2300km，在25个开放口岸中有17个已经成为旅游、过货口岸，绥芬河、黑河、东宁、抚远的边境出入境游客量排在前4位；黑龙江省有国家级自然保护区9处、省级自然保护区16处。黑龙江省产业分布已形成自己的特色，农业主要分布在东部的三江平原与中部的松嫩平原；东部鸡西、鹤岗、双鸭山、七台河四大煤矿是全国著名的优质煤炭基地；西部大庆油田是世界著名、全国最大的石油基地；北部大兴安岭是我国最大林产基地，小兴安岭伊春林区是"红松之乡"。工业布局基本形成西油、北林、东煤和哈尔滨、齐齐哈尔、牡丹江、佳木斯、大庆等中心城市以机械、冶金、石化、军工、发电站设备等重工业为主，轻工、食品加工为辅的总格局。黑龙江产业结构以资源型经济为特色，是全国重要的粮食、石油、煤炭、木材基地，四十多年来，黑龙江省的粮、油、煤、木出省支援全国，为国家的经济建设做出了巨大贡献。黑龙江省经济在全国属中等水平，2014年实现地区生产总值（GDP）15039.4亿元，按可比价格计算比上年增长5.6%。其中，第一产业增加值2659.6亿元，增长5.6%；第二产业增加值5591.8亿元，下降2.8%；第三产业增加值6788亿元，增长9%；第一、

二、三产业对GDP增长的贡献率分别为17.7%、37.2%和48.1%。人均地区生产总值39 216元。黑龙江省是我国农业大省，是全国重要的商品粮基地与大豆出口基地。近年来，省委、省政府坚定不移地把农业发展放在经济工作的首位，确定了建设农业强省的战略目标，加大了资金、物资和科技投入力度。2014年粮食作物播种面积和产量又创历史新高，粮食产量6242.2万吨，增长4.0%。黑龙江省经过六十年的建设及发展，工业布局由以重工业为主逐步向加快轻工业、化工工业与粮食精深加工方向发展，近年来工业生产增速趋缓。2014年，规模以上工业增加值4499.8亿元，比上年增长2.9%。黑龙江省旅游资源以其山水景色粗犷，冰雪景观绚丽闻名中外，国内旅游人数和收入双增加，国际旅游下降。2014年，全年共接待国内外旅游者29157万人次，比上年增长14.9%；实现旅游业总收入1385.9亿元，增长6.6%。其中，接待国内旅游人数29004万人次，增长15.2%，实现国内旅游收入1348.5亿元，增长8.1%；接待国际旅游人数153.0万人次，下降26.4%，实现国际旅游外汇收入6.0亿美元，下降27.7%。

黑龙江省拥有沿边的区位优势，在南联北开、全方位开放的方针指引下，初步形成了以哈尔滨为龙头，黑河、绥芬河等口岸为窗口，全方位、多层次的对外开放格局。已获准对外开放的一类口岸达25个，边境口岸有15个，其中包括虎林、密山、绥芬河、东宁4个公路口岸。以口岸为"点"、以交通通道为"线"、以口岸城镇为"面"的口岸经济区逐步形成，促进了外向型经济的发展，特别是边境地方贸易的日益繁荣。1993年以来，全省深入实施经贸战略，优化进出口商品结构，大力发展边境贸易，对外开放取得新进展。目前已与130多个国家和地区建立了经贸关系。2014年全省对俄进出口总额达到232.8亿美元，同比增长4.1%。全省实际利用外资51.6亿美元，同比增长11.1%。2014年，黑龙江省对俄出口电站装备、农机装备、家具、建材、果蔬、猪肉等产品实现22.95亿美元，增长1%；全省自俄进口原油$1547×10^4$t、木材$636×10^4$m³、铁矿砂$325×10^4$t、煤炭$240×10^4$t、化肥$86×10^4$t、纸浆$28×10^4$t、电力$38×10^8$kWh。对俄跨境电子商务方面，2014年电子商务零售出口货值突破3亿美元。

改革开放以来，黑龙江省交通运输业得到快速发展，基础设施和运输装备不断改善，形成了由铁路、公路、水运、民航和管道5种运输方式组成的综合交通运输体系，各种运输方式优势互补，协调发展，有效地支撑了黑龙江省的经济社会发展。黑龙江省综合运输的总体布局是以省会哈尔滨市为中心，以区域中心城市为结点，向周边地区辐射。全省客、货运输量主要分布于哈尔滨—大庆—齐齐哈尔、哈尔滨—黑河、哈尔滨—绥化—伊春、哈尔滨—佳木斯—同江、哈尔滨—牡丹江—绥芬河、哈尔滨—吉辽、鹤岗—佳木斯—牡丹江、加格达—齐齐哈尔等主要运输走廊，这些运输走廊一般是由两种或两种以上运输方式组成，总体上形成了全省8条综合运输大通道。

②黑河市。黑河市地处中国东北边陲，黑龙江省北部。以黑龙江主航道中心线为界，与俄罗斯远东第三大城市—阿穆尔州首府布拉戈维申斯克市隔黑龙江相望，是中俄边境线上唯一——对规模最大、规格最高、功能最全、距离最近的对应城市，最近处相距仅750m。黑河市辖2市（北安市、五大连池市）、3县（嫩江县、逊克县、孙吴县）、1区（爱辉区），总面积68726km²，全市总人口175万人。代管五大连池风景区，有65个乡（镇）、562个行政村。境内还有省农垦总局北安、九三2个分局所属25个农场，57个部队农场和21个其他国营直属农场，省森工总局通北、沾河林业局所属34个林场及海关、银行、税务等几十个中省直部门。

2014年，黑河市国内生产总值420.3亿元，同比增长7.8%。其中，第一产业增加值208.7亿元，增长11%。第二产业增加值68.2亿元，增长4.8%；在第二产业中工业增加值54.9亿元，增长4.9%。第三产业增加值143.4亿元，增长5.1%。三次产业占GDP比重分别为49.7%、16.2%和34.1%。 农林牧渔业总产值246.7亿元，同比增长11%。农林牧渔业增加值134.9亿元，增长11%。其中，农业增加值107.1亿元，增长9.7%；畜牧业增加值15.5亿元，增长12.1%；林业增加值8.4亿元，增长19.3%；渔业增加值1.7亿元，增长24.7%。规模以上工业增加值37.3亿元，同比增长4.6%。其中，重工业29.7亿元，增长1.4%；轻工业7.6亿元，增长18.8%。国有及国有控股企业增加值6.5亿元，下降13.2%。中省直工业实现增加值2.2亿元，增长11.5%；地方工业实现增加值35.1亿元，增长4.1%。工业企业经济效益综合指数为265.7%，同比提高14.2个百分点。规模以上工业实现利税总额15.1亿元，同比下降2.4亿元，其中地方工业实现利税14.7亿元，同比下降1.9亿元。全年实现建筑业总产值59.8亿元，同比增长5.7%。

2014年受俄罗斯国内经济形势的影响，黑河对外贸易额下降较多。对外贸易进出口总值17.8亿美元，同比下降57.5%。其中，进口2.4亿美元，下降77.5%；出口15.4亿美元，下降50.8%。边境小额贸易7.3亿美元，下降3.4%；一般贸易7亿美元，下降75.7%；其他贸易3.5亿美元，下降33.5%。对俄贸易12.1亿美元，下降44.5%。

2014年，黑河全市共接待旅游者557.5万人次，同比增长12.8%，其中，接待国内旅游者474.7万人次，同比增长16.7%；接待边境旅游者82.7万人次，同比下降5.2%；边境旅游中，出境41.5万人次，同比下降5.1%，入境41.2万人次，同比下降5.3%。全市旅游收入为45.8亿元，同比增长12.1%；国内旅游收入为31.3亿元，同比增长18.5%；边境旅游收入14.5亿元，同比增长0.5%。

黑河市目前已经形成了以公路、铁路为主，水运、航空为辅，四种交通方式联运的综合运输网络。黑河市是黑龙江省北部沿江地区的交通枢纽城市，黑河铁路直通哈尔滨、齐齐哈尔、绥化等地，交通十分便利。2014年，全市铁路累计完成客运量119万人次，旅客周转量22558万人公里，完成货运量108×10^4t，货运周转量16064×10^4tkm。贯穿全市的黑河至大连的G202国道是黑河的公路运输主干道。吉林至黑河高速公路北安至黑河段、加黑公路嫩江星火九连至黑河段、绥化至北安高速公路、前锋农场至嫩江公路北安至五大连池段，组成了黑河市两纵三横公路网。黑河市的水运开通了气垫船运输线。气垫船运营期为每年的3月下旬至5月上旬、10月末至次年1月初，集中在冬春季节界河封冻期前后。气垫船投入运营后，平均日接送出入境旅客在3000余名左右。2014年全市水运累计完成客运量22.3万人次，旅客周转量178.6万人公里，完成货运量14×10^4t，货运周转量115×10^4tkm。黑河机场2003年扩建后为4C级机场，跑道长2500m、宽45m，可以起降B-737、MD82等中型飞机，满足从黑河直飞上海以北各城市的要求。目前，分别由南方航空公司、东方航空公司和奥凯航空公司执行北京—哈尔滨—黑河往返航线、上海—哈尔滨—黑河往返航线和哈尔滨—黑河往返航线。2014年全市航空累计完成客运量10.5万人次，完成货运量1000t。

③黑河口岸。黑河口岸历史悠久，饱经沧桑。从1858年签订《中俄瑷珲条约》起，中俄就有民间贸易和官方贸易，直到1931年日军侵占东北时中断。中华人民共和国成立后，从1957年开始了中苏边境小额贸易，后因"文化大

革命"再次中断过货。1982年1月国务院批准恢复黑河口岸，1983年3月中苏两国政府换文确认。从1986年7月开始黑河口岸逐步进行省级地方贸易、边境易货贸易和国家贸易过货。1988年2月开始冰上汽车运输，9月开通了黑河与布拉戈维申斯克两城市间的"一日游"。黑河口岸与俄罗斯阿穆尔州布拉戈维申斯克口岸隔江相望，黑河货运码头与布拉戈维申斯克码头距离3500m，大黑河岛客运码头与布拉戈维申斯克码头相距750m。黑河口岸与对应的俄布拉戈维申斯克口岸是黑龙江流域城市规模最大、城市规格最高、运输距离最近、通过能力最强的口岸。黑河口岸货运码头岸长1223m，有综合运输码头1处，明水期汽车轮渡运输码头1处，有千吨级泊位12个，可从事内外贸货物运输。港口陆域面积$8×10^4m^2$，联合报关大厅$1600m^2$，货物年吞吐能力$150×10^4t$。客运码头岸长198m，有客运专用码头1处，陆域面积$8000m^2$，旅检大厅$8489m^2$，内设进出境通道14条，旅客年吞吐能力300万人次。有浮箱固冰通道两处，场区$3.5×10^4m^2$，用于冬季冰上货物运输和旅客运输。

黑河口岸运输方式独特，夏季为水上客货船舶和轮渡汽车运输，流冰期为气垫船旅客运输，冰封期为客货浮箱固冰通道运输。黑河口岸自1987年至2014年以来，累计实现运输出入境旅客1752万人次、进出口货物$731×10^4t$。其中，客运量在黑龙江省25个口岸中位居第一位，实现了6年出入境人员超百万，是中俄边境线上过客能力最强的口岸。2014年，黑河口岸出入境人员共计82.7万人次，同比下降5.2%，其中中国籍人员32.6万人次，同比增长7.1%，外国籍人员50.1万人次，同比下降11.8%。2014年，黑河口岸进出口货物共计$26×10^4t$，同比下降8.5%。其中进口货物$2.2×10^4t$，同比下降39.9%，出口货物$23.8×10^4t$，同比下降3.8%。

根据拟建项目的情况，黑河口岸规划建设长发屯—卡尼库尔干口岸。黑龙江大桥桥头区的规模、功能、通关能力需要从口岸长远发展考虑，按联检部门对货物、人员的监管要求，配齐设备与设施，建立保税区和监管库。拟规划占地面积$25×10^4m^2$，其中包括联检查验区、监管库、商业区、待检停车场等主要区域。主要建设内容包括：旅检大楼$6439m^2$，口岸综合楼$1220m^2$，进口边检海关检疫厅$1000m^2$，出口边检海关检疫厅$1000m^2$，X射线检查厅$960m^2$，厂区道路面积$187950m^2$，绿化面积$49460m^2$。

规划建设跨江索道桥头口岸，黑河—布拉戈维申斯克空中索道位置设计于大黑河岛旅检口岸——布拉戈维申斯克歌剧院大街，距离双方旅检口岸较近。中方索道位于现旅检口岸东侧300m处。岸上工程包括上站工程、下站工程。配套设施包括3000m²旅客大厅和长300m、宽30m的封闭通道。旅客在原口岸旅检大厅办理完出境手续后，在封闭通道内乘坐电瓶车运至索道登车处。

④俄罗斯阿穆尔州。阿穆尔州位于俄罗斯联邦的东南部，其南部、西南部与中国相邻，阿穆尔州是俄罗斯设在远东地区的五个行政区之一，西部与外贝加尔边疆区接壤，北部与萨哈共和国相邻，东北部和东部与哈巴罗夫斯克边疆区相邻，东南部与犹太自治州相邻，阿穆尔州是西伯利亚、远东和亚太国家的交通走廊。阿穆尔州辖区面积为36.37×10⁴km²，占俄联邦领土总面积的2.13%。阿穆尔州中心是布拉戈维申斯克市，行政单位数量为20个行政区、7个州附属市、2个区附属市、2个市内区、27个城镇、282个行政农庄。阿穆尔州现有人口90.21万人，多年来一直呈稳定趋势，俄罗斯人为主，占86.8%。

在阿穆尔州的自然资源中，矿产占据着重要地位。有60多种闻名于世的矿产资源，其中有石炭、褐煤、金、高岭土、建筑材料、铁、钛、铜、磷灰石、沸石、斜长岩、石头制品。戈林斯克的铁矿储量达3.89×10⁸t，平均铁含量37.1%，还有什马诺夫斯克和谢列日斯夫及其他铁矿，预测总铁矿储量达38×10⁴t，有123个各种非金属矿原料和建筑材料产地，其中包括40×10⁴t铁矿和15×10⁴t的煤。

阿穆尔州的水力资源占俄罗斯远东水力资源的3/4，其中一部分已用于捷伊斯克国营发电站。另外，根据阿穆尔州的电力能源需求量达2320×10⁶kW的实际，1988年又建了基柳斯克和索洛果维尔斯克国营发电站。

阿穆尔州的森林覆盖面积为2190×10⁴hm²，占其土地面积的73%，主要树种有落叶松、云杉、冷杉、樟子松、柞树、白桦树、白蜡树。目前州内的关键投资问题是对木材进行进一步深加工生产，新型锯材生产销往东南亚市场有着可观的前景。阿穆尔州内有大量的有医药用途的资源原料，在这里可建小型、中等的出口意向企业。

阿穆尔州的农业在远东地区有"远东之最"的美誉。阿穆尔州共有农庄数量2201个，平均拥有土地规模115hm²，其耕种面积达57%，州内的农产品生产总值占远东地区农业生产总值的30%，其中植物作物高于40%（包括大豆、土豆、蔬菜、蜂蜜、小麦）。食品的自给自足能力中，牛奶达60%、肉类达

57%、蛋类36%、土豆达109%、蔬菜瓜果达35%。

阿穆尔州主要工业中心有布拉戈维申斯克、别洛戈尔斯克、赖奇欣斯克、希马诺夫斯克、斯沃博德内腾达。工业在综合国民经济中占有很重要的地位，工业产值占总产值的38%。在阿穆尔州的工业部门结构中，电力能源部门占45.9%，燃料工业占13.3%，黑色金属冶金业占0.1%，有色金属冶金业占11.0%，机械制造及金属加工业占5.2%，木材、木材加工及造纸工业占4.2%，建筑材料工业占4.1%，轻工业占0.1%，食品工业占10.8%。

阿穆尔州与30多个国家开展对外经济合作，与中国的对外贸易额占总贸易额的70%，并且正在逐年扩大。阿穆尔州将与中国进行的国际合作视为经济和社会领域发展的重要因素，阿穆尔河沿岸地区将成为俄中合作的领路人。

阿穆尔州是俄罗斯境内与中国接壤最北部的地区。同俄罗斯其他地区相比，它与中国的边境线是最长的（1255km），阿穆尔州和中方的合作是建立在双方战略合作伙伴关系基础之上的，边境的地理位置、三个边境口岸、布拉戈维申斯克与黑河的毗邻决定了阿穆尔州在俄中沟通上将起到的重要作用，历史遗产、共同的兴趣和需求为阿穆尔州和中国边境城市开展密切的合作奠定了基础。

目前，在中俄两国人民之间及两国边境地区之间展开了具有广阔前景的互惠合作。阿穆尔州把开发原料矿产资源视为激活经济关系的一个重要方向，阿穆尔州有50多种矿物，如石煤、褐煤、金、铁、钛、有色金属、稀有金属、建材等，阿穆尔州已勘明的矿产储量总价值约为4000亿美元。一部分矿藏地已投入使用，但仍有很大一部分等待开发。这一资源的潜力超过4000亿美金。许多矿产地还有待开发。阿穆尔州极力支持现代生产和工业的创新，邀请合作伙伴就加工木材、发展农业工业建设等方面进行合作，其中也包括生产阿穆尔州主要的农业作物——大豆。巨大的能源潜力使得阿穆尔州有实力建立各种不同的生产形式。

阿穆尔州和中国积极地发展免签边境旅游，仅一年，通过口岸出入境人数增加了47%，其中赴中国度假或疗养的阿穆尔州居民约7万人次，与开放前相比增加了80%。据统计，平均每个阿穆尔州居民都至少到访过中国一次。阿穆尔州的旅游为中国游客提供了50多条旅游路线，其中包括边境旅游、赴莫斯科游、圣彼得堡旅游、乘船游览阿穆尔河等旅游活动。

阿穆尔州2025年前发展规划主要有以下方面：

a.农业专业化发展的重要方向是进一步发展畜牧业（提供乳制品和肉类），改造现有畜牧中心并新建现代化畜牧中心。肉类和乳制品联合企业、罐头厂的发展将获得动力，以促进食品工业的发展。糖果产品、奶粉、儿童食品和环保食品的生产会有妥善的调整。此外，还将采用新的工艺，用以生产有生物补充剂的产品以及可长期保存（有益物质保存）的天然添加剂。

b.沿阿穆尔河农业-工业区（在地理上靠近结雅—布列亚平原）的经济增长较快，沿阿穆尔河农业-工业区的发展，将确保谷物和大豆的生产量得到快速增加。为了完成这一任务，将轮种超过$100×10^4hm^2$的可耕地，并采取综合的农业技术措施。在这一地区将会实现谷物和豆类的加工。在面粉、米粉、豆油、替代进口的豆瓣、配合饲料、乙醇的生产中，实现现有生产能力的现代化，并且增加新的生产能力。温室蔬菜和食用菌的生产也会得到发展。在沿阿穆尔河农业-工业区分布有大型石英砂矿，即安托诺夫斯科耶石英砂矿和达尔毛坎斯科耶石英砂矿，已探明储量超过1550万吨，可以保证大型玻璃厂300年以上的原料供应。

c.考虑到能源发展、高水平的交通保障及石油和天然气管道的建设，在沿阿穆尔河农业-工业区除了建立重点专业化企业外，还将建立黑色金属和有色金属企业、玻璃企业、从事碳氢化合物加工的化工企业、珠宝制造企业。阿穆尔州将在燃料—能源、采矿、木材加工、汽车制造、农业和交通道路设施发展基础上，形成经济快速发展地区。

⑤布拉戈维申斯克市。阿穆尔州首府布拉戈维申斯克市，中国传统名称"海兰泡"，位于阿穆尔河（黑龙江）和结雅河（又称精奇里江）汇流处岸边、结雅—布列亚平原西南端，原属中国，1858年《中俄瑗珲条约》签订后被帝俄割占，改今名。布拉戈维申斯克市是远东地区阿穆尔州的首府，是远东第四大城市，是远东的物资集散地，市区面积$30km^2$，人口25万人。

布拉戈维申斯克市是西伯利亚铁路干线支线的终点站。布拉戈维申斯克市距莫斯科的铁路距离为7986km，空中距离为6480km。市内有河港和国际飞机场。布拉戈维申斯克市内交通十分便利，通往郊区的柏油路与附近各城市、村镇的硬面公路或柏油路连接成公路网，使公路不断延伸，甚至从布拉戈维申斯克延伸到州东北部最偏远的码林斯克斯。布拉戈维申斯克通过109km的布别铁路支线可以进入西伯利亚大铁路，又可以从西伯利亚铁路线上的巴姆站，通过180km左右的巴腾支线进入贝阿铁路，形成一个铁路运输网。而布拉戈维申斯克是这个铁路运输网的起始点。东部的河港通过水路连接着全州所有能够行驶轮船的河流与码头。轮船从布拉戈维申斯克码头可以驶入结雅河，到达州西北部沿河各地；从结雅河又可以进入谢列姆扎河，到达州北部沿河各地。若从布拉戈维申斯克河港沿阿穆尔河而下，中途北折，能够驶入布列亚河，到达州东部沿河各地。若中途不停，顺阿穆尔河东去，可以直达鄂霍次克海。布拉戈维申斯克是全州的航空中心，空运很发达。

⑥布拉戈维申斯克口岸。布拉戈维申斯克口岸客运港成立于1989年12月，已有20多年历史。它是亚洲及太平洋地区的门户。在俄罗斯联邦领土的400多个口岸中，布拉戈维申斯克客运口岸位居第17位。客运口岸旅检大厅3400m²，共8个出入境通道。布拉戈维申斯克口岸货运港是远东地区最大的一个港口，有137年的历史，年吞吐能力300万吨。港口位于阿穆尔州中心城市——布拉戈维申斯克市，有阿穆尔河和结雅河两条支流，码头岸长578m。港口与中国的黑河、逊克、名山有密切联系，主要业务为散装货物运输和集装箱货物运输。

（2）社会治安、群体性事件及信访情况。

在打击各类违法犯罪活动方面，黑河市公安机关保持严打态势不减，坚持"命案必破、黑恶必除、逃犯必抓、多发侵财犯罪必打"的工作原则。在社会治安整治方面，沿线各级公安机关不间断地开展专项整治和安全检查。在道路交通整治和消防安全方面，公安机关广泛开展了"压事故、保安全"活动，项目沿线交通事故总体下降，有效预防和减少了公路、村屯恶性交通事故的发生。同时，公安机关全面实施消防能力建设，提高扑救大火、特殊火灾以及抢险救援能力，沿线社会治安情况总体稳定。拟建项目将使外来务工人员、流动人口增加，对当地社会秩序、治安等会带来一定影响。

经与黑河市维稳及信访部门座谈，黑河市近年信访量有所增加，尤其是征地拆迁补偿问题易引发群众上访事件。针对当前信访工作中出现的新情况、新问题、新特点和群体性事件不断增多的趋势，为切实维护改革发展稳定大局，根据中央和省的有关规定，拟建项目沿线市委、市政府均建立了处理信访突出问题及群体性事件制度。负责了解、掌握信访突出问题及群体性事件的情况和动态；分析、研判社会稳定形势，针对信访突出问题及群体性事件提出对策建议；组织协调有关方面处理跨部门、跨行业、跨地区的信访突出问题及群体性事件；总结交流有关方面处理信访突出问题及群体性事件的成功经验，推动相关工作的有效开展；督促检查有关部门和单位处理信访突出问题及群体性事件各项措施的落实。拟建项目沿线群体性事件及信访情况总体受控。

（3）拟建项目对社会经济的影响。

①对区域划分的影响。拟建项目的建设，在区域划分和隶属管理方面不会改变现有格局。

②对区域人口结构的影响。拟建项目征地拆迁量相对不大，征地拆迁安置均采取在原区域内进行，不会对区域人口结构产生影响。

③对区域相关产业发展的影响。黑河口岸一直以来主要依靠明水期船舶运输，全年航运期仅为170d。近年开辟的冬季浮箱固冰通道运输，每年也只有130d左右。尚有约65d春秋两季流冰期中断运输，货物积压和人员滞留情况十分严重。不仅使双方丧失很多贸易机遇，而且成本高、行车和人身安全无法保障，极不适应两国间经贸往来和客货运量迅猛发展的迫切需要。打造一条全天候的客运、货运通道迫在眉睫。

黑龙江界河桥的建设可打通东北地区与俄罗斯远东的陆路运输通道，解决东北地区对俄商贸过境运输问题，并且能极大地降低运输成本。项目建设将使黑河与阿穆尔州逐步成为东北亚地区人流、物流中心和货物集散地，对于促进东北地区对俄贸易发展，促进东北老工业基地复兴，提振东北地区经济发展，特别是对黑河市社会经济发展、人员就业、发展外向型经济都具有重要的战略意义。

黑龙江界河桥的建设对于进一步加强中俄两国全面战略合作伙伴关系，缓解我国资源能源紧缺矛盾，深化中俄合作具有重要的战略意义。对黑龙江省经济社会发展的推动作用是巨大的，对于提高黑河市的知名度和影响力，拉动黑河市的人流、物流，促进进出口加工和消费等相关产业发展的作用将会十分明显。

④对区域交通出行的影响。黑龙江界河桥两岸目前出行质量较低，主要表现在出行时间长、速度慢、舒适度低、经济性差，黑龙江界河桥是黑河市与布拉戈维申斯克市之间新增的一条公路通道，项目建成后将改善区域交通状况，改善区域交通出行结构，提高整个地区的通行能力，从根本上改变交通不便的

状况，改善和提高居民出行质量。

项目建设期间，将对施工地点附近居民及企事业单位的交通出行带来一定的影响，这种影响将随着项目的建成运营逐步消除。运营期如道路两侧通行位置预留不佳，将对附近居民及企事业单位的交通出行带来一定的影响。

⑤对扩大社会服务容量的影响。中心城镇对周围地区的辐射作用主要集中在大的交通走廊沿线地带，经济增长的带动作用主要依托交通轴、依时间、距离发生作用。黑龙江界河桥作为交通基础设施建设项目，投资巨大，建设和运营期间均可提供大量的就业机会。项目建设所需的设备、材料等大部分由本地供应，将给本地的建筑业、建材工业带来发展机遇。项目建成运营后，还会为当地居民提供很多的间接就业机会，提高就业者的收入，改善其生活水平，对区域经济发展起到促进作用。因此，项目的建设可促进项目沿线经济的可持续发展，扩大社会服务容量。

⑥项目对居民生活质量的影响。

a.对居民收入的影响。拟建项目的建设将引起区域内资金、人流、物流的增加，特别是由于当地配套工程的建设将会增加居民收入来源，同时由于来往人员的增加，势必会促进当地第三产业的发展，使这些行业的从业人员增加收入。工程投入营运后，随着交通的顺畅、运输时距的缩小，方便两岸群众工作、购物、旅行等方面的出行需求，大大缩短因交通阻塞而造成的时间损失。同时随着城镇化进程的加快，第二、三产业结构的调整，为群众增收创造了条件。随着黑龙江界河桥的建成通车，群众的出行成本也将相应减少，意味着群众可支配收入的增加。

但拟建项目会对部分失地农民的收入产生一定影响，对部分原从事水上运输人员的收入产生一定影响，对部分渔民的收入产生一定影响。

b.对居民生活质量的影响。拟建项目建成后，一方面改善了空气环境质量，给群众出行带来便利；另一方面，收入的提高、居住环境和出行条件的改善、交通时间的节约等使群众有更多的富余时间用于生活休闲和锻炼，保持愉悦心情，减少疾病发生，沿线居民的生活质量也因此而得到提升。同时，由于项目的建设和营运，将有力地促进当地的城镇化进程，当地人民的生活质量也会随之提高。

c.对文化、生活习惯的影响。拟建项目的建设，不会改变所在地地方传统文化，不会引起当地居民的不适。

d. 对公共配套服务的影响。拟建项目的建设，不会引起所在地医疗、教育、养老、购物、环卫、社区服务、宗教活动等服务质量下降或缺失。

⑦对交通、电力、通信等设施的影响。拟建项目沿线与多处公路平交，跨越黑龙江，需迁移电缆、光缆，若处理措施不当，可能在短时间内造成局部区域交通中断、停电、引起通信不畅甚至中断，将会给当地企业和个人造成损失。因此建设单位在进行交通、航务、电力、通信等设施迁改前应与有关管理部门联系，积极与相应部门协商制订迁改方案，在征得同意后合理组织施工，减少因迁改不当造成的影响。基建项目施工期间施工及运输车辆可能对附近农村公路造成破坏，给附近群众生活带来不便。

⑧对防洪、通航及文物的影响。黑河（中国）—布拉戈维申斯克（俄罗斯）黑龙江（阿穆尔河）界河桥跨越黑龙江。项目单位正在开展防洪评价和通航安全影响评价工作，尚需取得相关部门批复。拟建项目跨越航道，需经航道相关管理部门批准。

黑龙江中北航务勘察设计有限公司在《黑河（中国）—布拉戈维申斯克（俄罗斯）黑龙江（阿穆尔河）界河桥工程航道条件与通航安全影响评价报告》（2016年1月版）中指出："拟建桥位河段河床稳定、航道水深充裕、河段平顺、水流条件良好、远离易变的洲滩，桥梁选址满足通航方面的基本要求。拟建桥梁位于黑龙江中游，黑龙江中游规划为Ⅱ级航道，代表船型为2000t船舶，代表船队为2排2列顶推船队，船队尺度218.00m×30.00m×2.00m。"

《黑河—布拉戈维申斯克黑龙江公路大桥工程二维水沙数学模型成果报告》（2015年11月版电子稿）中指出："从河道演变分析成果来看，本河段为一个纵向稳定、横向欠稳定的分汊型河道。桥址处于较为顺直的河段，右岸有中方堤防控制，拟建黑河大桥河段多年来较为稳定。虽然局部位置各有冲淤，但整体河势变化不大。未来演变仍会以缓慢的自然演变为主，滩槽格局将继续保持目前动平衡的态势，河势仍将趋于稳定。拟建黑河大桥工程的兴建对河道冲淤影响不大，变化范围约在桥址上游600m，下游1200m。上游略有淤积，淤积幅度在0.5m左右；下游略有冲刷，冲刷幅度在0.7m左右。桥址断面以冲刷为主，冲刷深度在0.5m左右。长发屯大通岛洲头冲退20m，靠近深槽侧124m等高线冲退10m以内。"

黑龙江省文化厅已制定《黑河（中国）—布拉戈维申斯克（俄罗斯）黑龙江（阿穆尔河）界河桥工程文物保护方案》，提出初步拟定对西大沟遗址、苗圃东遗址、长发屯遗址和墓葬等3处各个时期古代文化遗存的保护方案及抢救性考古发掘。

⑨对功能区基础设施建设的影响。项目的实施将黑龙江两岸有机地连接起来，拉进了黑河市与布拉戈维申斯克市之间的时空距离，项目的实施将对桥头区进行规划，在一定程度上会推动城乡基础设施的改造进程，加快城乡建设步伐，优化城乡布局，改善投资环境和生态环境。

⑩对上下游关联项目的影响。黑龙江界河桥建设将对部分关联项目产生影响。第一，资源能源合作项目。黑河市与阿穆尔州（以下简称"阿州"）及远东地区的资源能源合作取得了突破性进展。梦兰星河公司运作多年的阿穆尔—黑河边境油品储运与炼化综合体项目已经国家发展改革委批准，项目投资概算高达77.6亿元，年均营业收入256亿元，年均税金70多亿元，原油处理规模为$600×10^4t/d$，其中约$500×10^4t/d$将通过黑龙江输油管道输送至黑河输油末站，境外辅助工程已经开工建设，来年境内工程开工。年产$60×10^4t/d$水泥粉磨站项目已经开工。YJ公司和SG集团在阿州煤矿铁矿开发项目已签订协议，正在深度洽谈。SH集团与阿州签署了煤矿合作开发协议，一期年产$500×10^4t/d$，已完成申报审批程序。中俄天然气项目，两国签订了长达30年、高达4000亿美元、$380×10^8m^3$的天然气供应合同，其中，东线输气管道从黑河过境，境外工程已经开工。建成后，黑河会争取留一部分气量，黑河的居民能享受到天然气入户的便利。第二，两岸产业项目。从黑河方面看，利用引进的廉价俄罗斯电力发展起来的黑河进出口加工产业园，大力发展信息、生物、新材料、化工轻工、国际创新、外贸物流六大板块，已经成为全国最大的硅基材料生产基地，初步形成了硅基材料、有机化工、进出口加工产业格局。正在推进中俄国际科技产业城，正在发展电子、轻工、新光源、机械、服装、建材等对俄出口项目。境外方面，中俄农业综合示范园区、石化建材加工产业园、汽车机械产业园等园区，已经初具规模。合作区在阿州拟建阿穆尔产业园区，面积$15km^2$，重点开展对俄出口产品的境外组装加工和引进俄罗斯资源的初加工等产业。阿州也正在申请联邦政府建设经济特区。第三，跨境基础设施项目。2012年4月，黑河市—布拉戈维申斯克市浮箱固冰通道正式开通，解决了黑河流冰期闭关的问

题，极大地延长了全年通关时间，运输费用还有进一步降低的必要。黑河—布拉戈维申斯克跨江空中索道项目于2016年完成前期及各项准备工作开工建设。五大连池民用机场项目进展顺利，开通后将提高南方游客从哈尔滨—风景区—黑河—阿州布拉戈维申斯克边境游的便利性，增加黑河的过境游人数。

3.1.1.12 经济评价

该项目在经济上是可行的。敏感性分析结果表明该项目具有一定的抗风险能力。

3.1.2 评估依据

3.1.2.1 法律、法规

（1）《中华人民共和国城乡规划法》（中华人民共和国主席令第74号，自2008年1月1日起施行）。

（2）《中华人民共和国土地管理法》（中华人民共和国主席令第28号，自2004年8月28日起施行）。

（3）《中华人民共和国环境保护法》（中华人民共和国主席令第9号，自2015年1月1日起施行）。

（4）《中华人民共和国水土保持法》（中华人民共和国主席令第39号，自2011年3月1日起施行）。

（5）《中华人民共和国防洪法》（中华人民共和国主席令第18号，自2009年8月27日起施行）。

（6）《中华人民共和国安全生产法》（中华人民共和国主席令第13号，自2014年12月1日起施行）。

（7）《中华人民共和国消防法》（中华人民共和国主席令第6号，自2009年5月1日起施行）。

（8）《中华人民共和国节约能源法》（中华人民共和国主席令77号，自2008年4月1日起施行）。

（9）《中华人民共和国清洁生产促进法》（中华人民共和国主席令54号，自2012年7月1日起施行）。

（10）《中华人民共和国循环经济促进法》（中华人民共和国主席令4号，

自2009年1月1日起施行）。

（11）《中华人民共和国防震减灾法》（中华人民共和国主席令第7号，自2009年5月1日起施行）。

（12）《中华人民共和国突发事件应对法》（中华人民共和国主席令69号，自2007年11月1日起施行）。

（13）《中华人民共和国公路法》（中华人民共和国主席令第19号，自2004年8月28日起施行）。

（14）《国有土地上房屋征收与补偿条例》（国务院令第590号，自2011年1月21日起施行）。

（15）《中华人民共和国公路管理条例》（国务院令第543号，自2009年1月1日起施行）。

（16）《公路安全保护条例》（国务院令第593号，自2011年7月1日起施行）。

（17）《建设工程安全生产管理条例》（国务院令第393号，自2004年2月1日起施行）。

（18）《黑龙江省安全生产条例》（黑龙江省第十届人民代表大会常务委员会公告第51号，自2006年10月1日起施行）。

3.1.2.2　规范性文件

（1）中共中央办公厅、国务院办公厅《关于建立健全重大决策社会稳定风险评估机制的指导意见（试行）》（中办发〔2012〕2号）。

（2）国家发展和改革委员会"关于印发《国家发展改革委重大固定资产投资项目社会稳定风险评估暂行办法》的通知"（发改投资〔2012〕2492号）。

（3）国家发展和改革委员会"关于印发《重大固定资产投资项目社会稳定风险分析篇章和评估报告编制大纲（试行）》的通知"（发改办投资〔2013〕428号）。

（4）国家发展和改革委员会"关于征求对固定资产投资项目社会稳定风险分析篇章和评估报告编制大纲（征求意见稿）的通知"（发改办投资〔2012〕2873号）。

（5）中共黑龙江省委办公厅、黑龙江省人民政府办公厅印发《关于实施重大事项社会稳定风险评估的指导意见》的通知（黑办发〔2009〕20号）。

（6）中华人民共和国《风险管理　原则与实施指南》（GB/T 24353—2009）。

（7）中华人民共和国《风险管理　风险评估技术》（GB/T 27921—2011）。

（8）ISO/FDIS31000 Risk management—Principles and guidelines。

（9）国务院《国家突发公共事件总体应急预案》（自2006年1月8日起施行）。

（10）国务院《国家安全生产事故灾难应急预案》（自2006年1月22日起施行）。

（11）国务院《关于进一步加强企业安全生产工作的通知》（国发〔2010〕23号）。

（12）国务院《政府核准的投资项目目录（2014年本）》。

（13）国务院办公厅《关于印发〈精简审批事项规范中介服务实行企业投资项目网上并联核准制度工作方案〉的通知》（国办发〔2014〕59号）。

（14）国家发展和改革委员会《产业结构调整指导目录（2011年本）》（2013年修改本）。

（15）黑龙江省人民政府《关于印发〈黑龙江省征地区片综合地价实施办法〉的通知》（黑政发〔2014〕34号）。

（16）《黑龙江省被征地农民养老保险暂行办法》（黑劳社发〔2008〕64号）。

（17）《公路工程技术标准》（JTJ B01—2014）。

（18）国家发展改革委、外交部、商务部《推动共建丝绸之路经济带和21世纪海上丝绸之路的愿景与行动》。

（19）《中华人民共和国与俄罗斯联邦关于全面战略协作伙伴关系新阶段的联合声明》。

（20）《中华人民共和国与俄罗斯联邦关于丝绸之路经济带建设和欧亚经济联盟建设对接合作的联合声明》。

（21）中共中央、国务院《关于实施东北地区等老工业基地振兴战略的若干意见》（中发〔2003〕11号）。

（22）国务院《关于近期支持东北振兴若干重大政策举措的意见》（国发〔2014〕28号）。

3.1.2.3　相关规划

（1）《中华人民共和国东北地区与俄罗斯联邦远东及东西伯利亚地区合作规划纲要（2009—2018年）》。

（2）《国家公路网规划（2013—2030年）》。

（3）《东北地区振兴规划》。

（4）《中国东北地区面向东北亚区域开放规划纲要（2012—2020）》。

（5）《黑龙江和内蒙古东北部地区沿边开发开放规划》。

（6）《振兴东北老工业基地公路水路交通发展规划纲要》。

（7）《中共黑龙江省委　黑龙江省人民政府"中蒙俄经济走廊"黑龙江陆海丝绸之路经济带建设规划》。

（8）《黑龙江省国民经济和社会发展第十二个五年规划纲要》。

（9）《黑龙江省公路水路交通运输"十二五"发展规划》。

（10）《黑龙江省土地利用总体规划（2006—2020年）》。

（11）《黑河市国民经济和社会发展第十二个五年规划纲要》。

（12）《黑河市土地利用总体规划》（2006—2020）。

（13）《黑河市城市总体规划（2012—2030）》。

（14）《黑河市交通"十二五"发展规划》。

3.1.2.4　与项目有关的支持性文件

（1）国家计划委员会《印发〈关于审批中苏合建黑河—布拉戈维申斯克黑龙江公路桥中方项目建议书的请示〉的函》（计交通〔1991〕1257号）。

（2）国家计划委员会《关于审批中苏合建黑河—布拉戈维申斯克黑龙江公路桥中方项目建议书的请示》（计交通〔1991〕1129号）。

3.1.2.5　项目单位提供的有关资料

（1）北京华融路通工程咨询有限公司《黑河（中国）—布拉戈维申斯克（俄罗斯）黑龙江（阿穆尔河）界河桥社会稳定风险分析报告》（2015年7月版）。

（2）黑龙江省公路勘察设计院《黑河（中国）—布拉戈维申斯克（俄罗斯）黑龙江（阿穆尔河）界河桥工程可行性研究报告》（2015年12月版电子稿）。

3.1.2.6 其他

（1）《黑河（中国）—布拉戈维申斯克（俄罗斯）黑龙江（阿穆尔河）界河桥工程社会稳定风险分析报告》专家评估意见。

（2）《编制黑河（中国）—布拉戈维申斯克（俄罗斯）黑龙江界河桥（第一阶段，公路桥）建设设计文件技术任务书》。

3.1.3 评估主体

评估主体对黑河（中国）—布拉戈维申斯克（俄罗斯）黑龙江（阿穆尔河）界河桥的社会稳定风险开展评估工作，对社会稳定风险分析报告进行评估，根据实际情况，采取多种方式听取各方面意见，分析判断并确定风险等级，提出社会稳定风险评估报告。

评估主体在评估过程中，组织召开了座谈会议，黑河市人民政府的发改、规划、国土、环保、公安、维稳、信访、交通、林业、水务、文化、财政等相关部门，黑河海关、黑河市进出口检验检疫局、黑河军分区、黑河边防局、黑河边检站、黑河口岸办、黑河外事办、黑河海事局、黑河航务管理处、黑河航道局，拟建项目所在地黑河市爱辉区人民政府，沿线幸福乡人民政府、四嘉子乡人民政府，沿线各乡镇长发村、小黑河村、河南屯村、东四嘉子村基层村委会，涉及重要企事业单位黑河港务局的代表等相关人员参加了座谈会议。并组织从事经济政策研究、俄罗斯问题研究及社会学、环境保护、交通工程、航运规划、道桥、港航设计等方面工作的专家对《风险分析报告》进行了评估。

3.1.4 评估过程和方法

3.1.4.1 评估工作的程序、步骤和主要过程

（1）制订评估工作方案。

评估单位接受评估任务后即进行了准备工作，制订了社会稳定风险评估工作方案，明确了风险评估的组织机构、职责分工、工作进度、工作方法与要求、拟征询意见对象及方法、社会稳定风险评估报告编写大纲等事项。

（2）收集和审阅相关资料。

按照评估工作方案的进度要求，评估单位全面收集并认真审阅了拟建项目

的社会稳定风险评估相关资料，主要包括：项目可行性研究报告及其社会稳定风险分析报告、项目环境影响评价报告书、航道条件与通航安全影响评价报告、二维水沙数学模型成果报告、水土保持方案报告书；国家和地方相关法律、法规和政策；拟建项目已经取得的相关支持性文件；相关规划与标准规范；同类或类似项目社会稳定风险评估资料等。重点审阅了《风险分析报告》中风险调查的全面性、完备性、真实性，特别是相关群众的代表性及其利益诉求。

（3）充分听取意见。

根据对拟建项目《风险分析报告》的审阅结果，在对《风险分析报告》进行预评估的基础上，结合项目所在地的实际情况，评估单位采取公示、召开座谈会、实地踏勘走访、补充问卷调查等方式听取各方面意见，进行补充调查与核实。

①公示。根据预评估工作成果，评估单位在《黑龙江日报》对拟建项目社会稳定风险评估进行了公示，就拟建项目社会稳定风险评估公开征求公众意见。

根据资料调查及预评估情况，评估单位在拟建项目沿线对涉及征用土地及可能受到影响的基层组织以张贴布告方式对拟建项目社会稳定风险评估工作进行了公示，就拟建项目社会稳定风险评估公开征求公众意见。

②召开座谈会及实地踏勘走访。评估单位在黑河市组织召开"黑河（中国）—布拉戈维申斯克（俄罗斯）黑龙江（阿穆尔河）界河桥工程黑河市社会稳定风险评估座谈会议"，黑河市人民政府的发改、规划、国土、环保、公安、维稳、信访、交通、林业、水务、文化、财政等相关部门，黑河海关、黑河市进出口检验检疫局、黑河军分区、黑河边防局、黑河边检站、黑河口岸办、黑河外事办、黑河海事局、黑河航务管理处、黑河航道局，拟建项目所在地黑河市爱辉区人民政府，沿线幸福乡人民政府、四嘉子乡人民政府，沿线各乡镇长发村、小黑河村、河南屯村、东四嘉子村基层村委会，涉及重要企事业单位黑河港务局，项目单位黑龙江省黑龙江大桥开发建设有限责任公司、设计单位黑龙江省公路勘察设计院等32个部门和单位派员参加会议，与会人员针对拟建项目社会稳定风险进行了座谈。会上，评估单位发放社会稳定风险因素识别调查表32份，收回调查表28份，回收率88%。

会后，评估单位踏勘了黑河（中国）—布拉戈维申斯克（俄罗斯）黑龙江（阿穆尔河）界河桥拟选线位，结合《可研报告》中设计路线走向，分别走访了受拟建项目影响较大的行政村。

③补充问卷调查。根据受拟建项目影响情况，在《风险分析报告》中进行问卷调查的基础上，评估单位对拟建项目沿线民众进行了补充问卷调查，问卷主要针对拟建项目涉及的征地拆迁、环境影响、社会影响等方面广泛听取相关民众、企事业单位和基层政府的意见和建议。

（4）全面评估论证。

①召开专家评估会议。评估单位在哈尔滨市组织召开了"《黑河（中国）—布拉戈维申斯克（俄罗斯）黑龙江（阿穆尔河）界河桥工程社会稳定风险分析报告》专家评估暨座谈会议"，有关专家及黑龙江海事局、黑龙江省水利厅、黑龙江省文化厅、黑龙江省航务管理局、黑龙江省航道局、黑龙江航运集团有限公司、黑龙江省黑龙江大桥开发建设有限责任公司、黑龙江省公路勘察设计院等部门和单位派代表参加了会议。

②全面评估论证。评估单位根据收集的资料，按照重大固定资产投资项目社会稳定风险评估的要求和相关流程，在进行社会调查及与有关部门、单位和专家进行座谈、评估的基础上，分门别类梳理各方意见，参考相同或类似项目引发社会稳定风险的情况，重点围绕拟建项目建设实施的合法性、合理性、可行性和可控性进行了客观、全面的评估论证；对拟建项目所涉及的风险调查、风险识别、风险估计、风险等级评判、风险防范和化解措施等内容逐项进行了评估论证，特别是对风险因素、风险发生概率、可能引发矛盾纠纷的激烈程度和持续时间、涉及人员数量、可能产生的各种负面影响以及相关风险的可控程度进行了评估论证。并提出了风险防范措施及应急预案。

（5）确定风险等级。

参考有关项目社会稳定风险评估指标和评判标准，在综合考虑各方意见和全面分析论证的基础上，按照《国家发展改革委重大固定资产投资项目社会稳定风险评估暂行办法》（发改投资〔2012〕2492号）的风险等级划分标准，评估单位对拟建项目的社会稳定风险等级做出了评判，确定了拟建项目社会稳定风险等级。

（6）形成评估报告。

评估组根据相关各方的意见和建议，按照国家发展和改革委员会办公厅《关于印发〈重大固定资产投资项目社会稳定风险分析篇章和评估报告编制大纲（试行）〉的通知》（发改办投资〔2013〕428号）形成了评估报告。

3.1.4.2　评估工作所采用的主要方法

（1）社会稳定风险调查所采用的主要方法。

根据拟建项目的实际情况，本次评估选用了资料调查收集、公示、召开座谈会、实地勘察走访、问卷调查等5种方式听取各方面意见，对拟建项目社会稳定风险进行调查。

（2）社会稳定风险识别所采用的主要方法。

根据拟建项目的实际情况，在对沿线各级政府有关部门及民意调研和资料研读的基础上，本次评估采用对照表法、专家调查法、案例参照法等对社会稳定风险进行了识别。

（3）社会稳定风险等级确定方法。

结合社会稳定风险因素识别结果，在对拟建项目单因素风险程度（风险概率×影响程度）进行定性分析和定量计算的基础上，运用专家调查法确定各单因素风险在拟建项目整体风险中的风险程度值和权重，采用综合风险指数法定量计算项目综合风险指数，并与风险等级评判标准进行对比，确定拟建项目社会稳定风险等级。

3.2　评估内容

3.2.1　风险调查评估及各方意见采纳情况

3.2.1.1　风险调查评估

（1）对《风险分析报告》中风险调查的评估。

①风险调查的全面性。《风险分析报告》中的调查内容包括了公众对项目实施的意见和诉求、公众参与情况、基层组织对拟建项目的态度；《风险分析报告》中确定的调查范围包括与项目征地相关的民众、利益相关者、基层

组织等，调查范围基本合适；《风险分析报告》中采用了资料收集、问卷调查、走访、座谈会、网站公示、张贴公告等调查方式，共收回有效调查问卷49份。

评估认为，《风险分析报告》中缺乏村基层村委会对拟建项目态度和意见的调查佐证材料，缺乏沿线经过的林场、受项目建设影响较大的企事业单位对拟建项目态度的调查，缺乏同类项目曾印发的社会稳定风险调查等，调查内容不全面，应进行补充调查。调查问卷较少，代表性较差，不能真实反映项目存在的社会稳定风险，风险调查不能达到风险调查广泛性和深入性的要求。

②公众参与的完备性。《风险分析报告》中公众参与具有一定的代表性，但公众参与人数较少，缺乏完备性。

③风险调查结果的真实性和可信性。《风险分析报告》中听取了多方面意见，调查对象具有一定的代表性，对被征地农民群体受影响程度、对征地补偿的态度、环境影响的态度等问题进行了针对性的分析。《风险分析报告》公众调研问卷显示，100%的调查对象支持项目建设，民众对项目的建设持"支持"态度，但是希望给予合理的补偿和安置，希望规范施工，保证环境质量。

评估认为，调查结果总体上反映了受影响群众，特别是受影响农民对拟建项目的态度。项目沿线村屯涉及人口较多，《风险分析报告》中公众调查问卷不能证明完全覆盖了项目沿线所涉及的所有村屯，且抽样率较低，应适当补充开展公众问卷调查工作。

（2）补充开展风险调查情况。

评估单位在对《风险分析报告》中风险调查评估的基础上，根据拟建项目的实际情况，采取公示、实地走访、召开座谈会、问卷调查和召开专家评估会议等方式进行了补充调查。

在调查走访中，村民普遍认为现行征地补偿标准偏低，以及不能及时提供补偿，将对他们的收入产生较大影响；认为占地补偿范围（面积）不合理，小于施工占用或施工造成影响的范围（面积），存在少征多用情况；认为补偿标准可能出现"同地不同价"的情况，将会产生攀比现象，不利于社会稳定。此外，黑河市人民政府各有关部门、拟建项目沿线地方政府及其部门、基层政府及基层组织、企事业单位、村民均从各自角度发表了意见和诉求。

经对收回的112份有效调查问卷进行统计分析，公众调查问卷对项目建设持支持或无所谓态度的占100%，无明确反对项目建设的问卷；企事业单位问卷项目建设支持率为100%；基层政府问卷项目建设支持率为100%。

评估认为，《风险分析报告》中的调查结果与本次评估补充调查结果总体相符，调查结果总体可信。

3.2.1.2　各方意见采纳情况

通过风险调查和分析，评估认为，拟建项目建设和运行所涉及的利益群体包括各级政府及有关部门、项目单位，以及受拟建项目建设和运行影响的公民、法人和其他社会组织、媒体等。

评估认为，各方提出的意见客观公正。项目单位承诺将合理的意见和建议落实到项目的技术经济方案和建设管理中，并在项目实施过程中严格依法办事，对受利益损害的群体按国家和地方有关法律、法规和规章制度的规定和要求进行相应补偿，尽量减少和防范社会稳定风险事件的发生。

本次评估工作在对各方意见进行梳理、识别后，相应列入社会稳定风险因素。

3.2.2　风险识别和估计的评估

《风险分析报告》对拟建项目进行了风险因素识别，对识别出的主要风险因素进行了单因素风险估计，并对项目初始风险等级进行了判断。评估认为，其方法可行。

为慎重起见，本次评估针对拟建项目的特点，根据风险调查评估结果，通过对有关社会经济调查及统计资料的分析，结合前述对项目经济影响评价、社会影响评价、环境影响评价和资源利用、土地房屋征收补偿影响评价等相关评估结论以及对公众参与的完备性程度等的评估，判断拟建项目是否存在被遗漏的重要风险因素，并补充识别了被遗漏的重要风险因素。对拟建项目可能存在的重要风险因素的性质特征、未来变化趋势及可能造成的影响后果进行了分析评估，形成评估后主要风险因素的风险程度汇总表。并综合采用对照表法、专家调查法、案例参照法、综合风险指数法等方法，按"发改办投资〔2013〕428号"文件的要求，对《风险分析报告》中拟建项目风险因素识别、风险估计、项目初始风险等级判断等内容进行了重新复核和梳理。

3.2.2.1 风险识别评估

（1）对《风险分析报告》中风险识别的评估。

对《风险分析报告》中风险因素对照表的调整和对拟建项目主要风险因素的识别。

为评估《风险分析报告》中主要风险因素识别的全面性和准确性，本次评估对《风险分析报告》中风险因素对照表进行了复核检查，对其中的相关风险因素进行了补充，经本次评估调整后的风险因素对照表见表3-1，并通过对有关社会经济调查及统计资料的分析，结合项目经济影响评价、社会影响评价、环境影响评价及资源利用、土地房屋征收补偿等相关评估结论，以及对公众参与的完备性程度等的分析，对拟建项目主要风险因素进行了判别，增列了是否为拟建项目主要风险因素的判别依据。

表3-1　评估调整后风险因素对照表

类型	分类	序号	风险因素	评价指标	是否为主要风险因素	判别依据
工程风险因素	政策规划审批程序	1	立项审批程序	决策权限、范围、内容合法性、立项程序符合相关要求	是	项目已经取得了规划选址、建设用地预审、环境影响评价、压覆矿产资源、地灾危险性评估、地震安全性评价等国家级及其他不同行政级别主管部门的支持性文件、决策权限、范围、内容合法性、立项程序基本符合相关要求。项目单位正在组织及配合相关部门开展并履行通航安全影响评价、防洪评价、水土保持方案、文物调查勘探等支持性文件的批复相关工作，尚未取得相关批复文件。项目已经取得的压覆矿产资源、地灾危险性评估、地震安全性评价时间较早，需相关审批部门确认时效性
		2	产业政策、发展规划	是否符合产业政策、总体规划、专业规划、行业准入的要求，是否符合本地区规划和发展状况，是否符合大多数人的利益	是	项目符合国家发展改革委、外交部、商务部《推动共建丝绸之路经济带和21世纪海上丝绸之路的愿景与行动》《中华人民共和国与俄罗斯联邦关于全面战略协作伙伴关系新阶段的联合声明》《中华人民共和国与俄罗斯联邦关于丝绸之路经济带建设欧亚经济联盟战略对接合作的联合声明》《中华人民共和国与俄罗斯联邦关于丝绸之路经济带建设欧亚经济联盟战略对接合作的联合声明》(中发〔2003〕11号)，国务院《关于近期支持东北振兴若干重大政策举措的意见》(国发〔2014〕28号)，《中华人民共和国东北地区面向东北亚及东西伯利亚东及远东开放规划纲要(2009—2018年)》《东北地区振兴规划》《中国东北地区面向东北亚开放规划纲要(2012—2020)》《黑龙江和内蒙古东北部地区沿边开发开放规划》《振兴东北老工业基地公路水路交通发展规划纲要》《中共黑龙江省公路建设规划》《黑龙江省国民经济和社会发展第十二个五年规划纲要》黑龙江省人民政府"中蒙俄经济走廊"黑龙江陆海丝绸之路经济带建设规划《产业结构调整指导目录(2011年版)》(2013年修正)《黑龙江省国民经济和社会发展第十二个五年规划纲要》，符合黑河市国民经济和社会发展第十二个五年规划纲要及城市总体规划

续表

类型	分类	序号	风险因素	评价指标	是否为主要风险因素	判别依据
工程规划审批风险因素	政策规划审批因素	2	产业政策、发展规划	是否符合产业政策、总体规划、专业规划、行业准入的要求，是否符合本地区规划和发展状况，是否符合大多数人的利益	是	但鉴于项目申报周期长，自1995年中俄双方签署《建桥协定》以来，已历经20年，大桥前期工作因俄方原因曾于2005年和1999年两度停滞，这期间发生很多变数，使这次能否顺利完成，有关细节工作还需进一步完善；同类项目中俄同江—下列宁斯阔耶铁路界河桥于2014年2月26日开工奠基后至今，中方已完成总造价的65%，但俄方工程至今尚未动工，联检设施中方已完成同步合作，对其他领域也会产生一定的影响，如何事先预判拟建项目风险，防止出现建桥时间不同步的情况，需要认真考虑；阻碍建桥的原因依然存在：阻碍建桥的原因很多，但是根本原因还在于高层，国家的意志任何人都无法撼动，现在建桥最好，俄罗斯经济形势不断恶化，尤其2016年以来，国家石油价格突破30美元，俄罗斯经济雪上加霜，在这种情况下，俄罗斯是否有能力和意愿建设跨境界桥，不确定性依然存在；中俄贸易额下滑对建桥不利；2015年中俄贸易额超过2009年世界金融危机时期，长期困扰中俄经贸合作的同题一直推迟建桥的原因之一，如黑龙江省对俄贸易额偏低，这也是黑龙江省对俄合作的原因之一。如果大项目得不到根本的改善，将可能影响大桥的建设和未来的使用；货运量不足的同题依然存在：即使2014年最好时期，黑龙江省对俄货运量近 1000×10^4 t，只相当于满洲里口岸 1/3 左右，而且80%以上集中在经济界河口岸，其他口岸半年闲，半年用，因此，大桥建设后形成黑河—同江大桥，货运量不足同题以及资金回收时间过长制约长期存在；除了能源项目合作不多，黑龙江省对俄合作取得了很大的成绩，但还需加大投资力度，还要增加中国企和央企的投资，改善贸易结构，中俄合作没有失去支撑的基础，这方面也存在变数。因此，拟建项目存在俄方政策变化风险。

续表

类型	分类	序号	风险因素	评价指标	是否为主要风险因素	判别依据
	政策规划审批程序	3	规划选址、土地利用	与土地利用规划的符合性、与控制性规划的符合性,土地利用	否	项目已经取得了黑河市城乡规划局《建设项目选址意见书》(选字第2015-2-34号)。项目选址符合黑河市城市总体规划及《黑龙江省土地利用总体规划(2006—2020年)》
		4	规划相关参数	容积率、绿地率,与相邻建筑物的间距,功能、形态的协调性	否	符合相关要求
		5	公众参与	上述环节是否广泛听取意见、公众意见是否能真实、及时反馈	否	规划选址、环评审批过程中,对项目进行了以媒体、公告、公示、发放调查表等方式了解周边居民的诉求。社会稳定风险分析及评价以媒体、公告、公示、公示开展了公众参与
工程风险因素	土地、房屋征收及补偿	6	征用范围	项目建设用地是否符合因地制宜、节约集约利用土地资源的总要求、拆迁红线范围划定是否合理、可行;征用是否与相关政策的衔接,是否涉及基本农田、军事用地、宗教用地	是	符合《黑龙江省土地利用总体规划(2006—2020年)》;已取得国土资源部"关于黑河(中国)—布拉戈维申斯克(俄罗斯)黑龙江(阿穆尔河)界河桥建设用地预审意见的复函"(国土资预审字[2015]219号),符合国家产业政策和供地政策,用地标准和总规模符合有关规定。征地拆迁范围划定基本合理,可行,但存在征用后剩余土地无法耕种或耕种不便现象,以及少征多占现象,部分农民、基层组织怨言较大
		7	补偿标准	是否按照国家和当地法规规定的程序开展房屋、土地补偿工作;补偿方案是否征求公众意见;实物或货币补偿与市场价格之间的关系、与近期类似土地补偿标准的关系等是否合理、可行;对施工损坏建筑物的补偿方案,对土地、青苗的受损补偿方案	是	该项目拟按黑龙江省人民政府《关于印发〈黑龙江省征地地价综合实施办法〉的通知》(黑政发[2014]34号)中"区片价"补偿标准进行补偿,按评估价格进行房屋拆迁补偿。部分地方政府、基层组织及农民反映补偿标准偏低,且存在"土地不同价"情况

续表

类型	分类	序号	风险因素	评价指标	是否为主要风险因素	判别依据
工程风险因素	土地、房屋征收及补偿	8	安置方案	被征地群众补偿、居住、医疗保障方案是否落实，技能培训和就业计划等方案落实，能否满足群众诉求；安置居民与当地的融合度；安置房源的落实情况是否可行	是	存在补偿方案与补偿程序存定、养老、医疗保障方案和就业培训计划落实的风险。征地拆迁安置方案能否满足群众要求补偿安置方案应公开、公正、合理，如不能做到，存在一定的社会稳定风险
		9	资金到位	资金的数量、质量的落实情况是否可行	是	补偿安置资金涉及人员广、程序多、管理难度大，可能滋生腐败、挪用，发放滞后等风险，项目处于准备期，补偿安置资金管理制度尚未建立，增大风险发生概率。部分基层组织及农民反映类似项目存在施工补偿资金迟迟不能发放到位的问题
	环境影响	10	噪声、振动	噪声、振动等指标是否超标，是否影响群众日常生产、生活	否	施工期可能产生噪声、振动，有效预防预后，不对学校、居民区等敏感点产生影响。此项为非主要风险因素
		11	固体废弃物	固体废弃物的清运是否及时，是否对群众的生活环境及健康造成影响	否	固体废弃物的清运及时，不会对群众的生活环境及健康造成影响。此项为非主要风险因素
		12	电磁辐射、光污染、放射污染	是否存在以上污染源，是否对群众生活环境及健康造成影响	否	不对群众生活环境及健康造成影响

续表

类型	分类	序号	风险因素	评价指标	是否为主要风险因素	判别依据
工程风险因素	环境影响	13	废气、粉尘	废气排放量是否符合相关标准,空气环境质量是否达标,是否对群众的生活环境及健康造成影响	否	项目施工场地、运输过程中产生扬尘、废气排放,时间较短,不会影响生态环境和群众生命健康的风险。此质为非主要风险因素
		14	日照、采光、通风、热辐射	因建筑间距造成不符合标准,或虽符合标准但仍不可避免地产生实质性的影响	否	不会产生实质性的影响
		15	生态环境、绿化、城市景观影响	公共活动空间、生态环境,城市景观等质和量的影响	否	不会产生实质性的影响
		16	水体、土壤污染	水体污染、土壤污染、河流改道阻塞	是	拟建大桥跨越黑龙江,施工期正常排放产生水体污染的风险;施工期事故排放产生水体污染的风险;桥梁工程运营后由于此路段发生泄漏事故,将污染黑龙江水的可能,一旦发生运输事品在此路段发生泄漏事故,将污染黑龙江水环境,若有毒有害化学品直接对黑龙江水生态环境造成污染黑龙江水环境,造成财产损失和人身伤亡。上述风险一旦发生危险品事故发生,会对黑龙江水环境造成污染,造成财产损失和人身伤亡。上述风险一旦发生生无法及时预警或解决,引发上访或伴生出社会矛盾的风险,且黑龙江为界河,处置不当可能影响中俄两国关系

续表

类型	分类	序号	风险因素	评价指标	是否为主要风险因素	判别依据
		17	地质沉降、建筑损环	基坑开挖、打桩等引起地质沉降，对周边建筑安全不利影响	否	基坑开挖、打桩等引起地质沉降，对周边建筑安全不会产生不利影响
		18	文物、古木、古墓	文物、古木、古墓是否遭到破坏	否	黑龙江省文化厅已制定"黑河（中国）—布拉戈维申斯克（俄罗斯）黑龙江（阿穆尔河）界河桥工程文物保护方案"（2016年1月提供），初步拟定了对西大沟遗址、苗圃东遗址、长发屯遗址和墓葬等3处各个时期古代文化遗存的保护方案或抢救性考古发掘。此项为非主要风险因素
工程环境风险影响因素		19	水土保持	水土保持满足水土流失防治目标的要求	否	根据黑龙江省水土保持科学研究院《黑河（中国）—布拉戈维申斯克（俄罗斯）黑龙江（阿穆尔河）界河桥工程水土保持方案报告书》（2016年1月版电子稿），项目所在区域干泥石流易发区、均揭坡滑带水土保持监测站点，水土流失重点科研试验区，生态脆弱区和自然保护区等区域，工程项目区属于大小兴安岭重点预防区，水土流失防治采用一级标准。方案实施后，林草覆盖恢复率为100%，林草植被恢复率为95.6%，拦渣率97.6%，土壤流失控制比1.0，水土总治理度为95.6%。防治将采用41.9%，扰动土地整治率达到95%，能够达到防治水土流失、保护生态环境的目标，工程建设从水土保持角度分析是可行的。此项为非主要风险因素
		20	水源地、自然保护区及生物多样性	水源地、自然保护区及生物多样性是否遭到破坏	否	根据黑龙江兴业环保科技有限公司《黑河（中国）—布拉戈维申斯克（俄罗斯）黑龙江（阿穆尔河）界河桥工程环境影响报告书》（2015年10月版电子稿），本项目桥址距离黑河市小金地表水源地保护区较远（19km），工程占地周围无特殊生态敏感区以及重要生态敏感区，属一般区域

续表

类型	分类	序号	风险因素	评价指标	是否为主要风险因素	判别依据
工程风险因素	技术经济方案	21	技术经济方案	伴随工程安全、环境影响方面的风险因素的可控性。如生产运行时的清洁生产方案是否落实，易燃易爆项目确定的安全距离，对可能造成破坏影响的预案是否合理，技术方案切实可行；技术方案执行的安全、环保排放标准是否科学、先进，与执行国际标准上同类等同标准的关系，与群众是否一致；技术方案中对大气、水体污染物排放得到有效控制，噪声、振动影响，电磁辐射、放射影响得到有效控制，与群众生理指标的关系，对敏感率物、土地的处置是否合理可行、回收、再利用等方案是否落实，与群众接受能力是否相适应	是	项目技术经济方案风险主要是从路线走向、技术标准是否符合相关标准规范，工程建设方案是否合理，是否经过充分的技术论证，是否得到社会影响较大的单位、居民，其他社会组织的支持。 拟建项目线位的敷设方案与国道公路网总体规划相协调，符合项目沿线城镇总体规划确认，符合项目中俄双方确认，大桥选址方案已经中俄双方确认，路线走廊带唯一，设计方案较合理、建设规模和技术经济指标基本合适。 但黑龙江省公路勘察设计院《黑河（中国）—布拉戈维申斯克（俄罗斯）黑龙江（阿穆尔河）界河桥工程可行性研究报告》（2015年12月版）尚未进行国家发展改革委组织评估论证，航运安全和防洪影响尚未取得相关部门批复，设计方案存在变数，调整设计将再次增加中俄磋商时间，延缓大桥前期工作进度。拟建项目交通量预测虽经中俄双方确认，但根据目前黑龙江省对俄货运运量增加，如果黑龙江省对俄货运量不能实现明显增加，黑河口岸对俄的进出口货物结构没有重大调整，货运量预测是否准确将影响交通预测结果和投资回收时间延长。 上述结果存在伴生出社会矛盾的风险。

续表

类型	分类	序号	风险因素	评价指标	是否为主要风险因素	判别依据
		22	环保措施	建设过程中的环境保护措施是否完善	否	建设过程中的环境保护措施可以执行到位
		23	公共安全	建设运营过程中公共安全是否有保障,是否存在引发公共安全事故的隐患	是	若有易燃易爆危险品事故发生,还会引起火灾及桥梁的明塌,除会对黑龙江水环境造成污染,造成财产损失和人身伤亡外,给当地人民的生产生活带来不利影响。一旦发生运输事故,若有毒有害化学品在此路段发生泄漏事故,将直接污染黑龙江水环境,也可能直接对居民健康、生命安全构成严重威胁。存在运营期发生公共安全事故的风险,事故如造成伤亡,还将造成百姓的不满,引发媒体关注,甚至引发中俄两国国际影响
工程风险因素	建设管理	24	质量安全	建设过程中的工程质量管理是否到位,是否存在引发质量事故的隐患	是	拟建项目在建设阶段采取基坑开挖,降水,打桩作业或强振动等方式进行工程施工过程中可能引起附近建筑物沉降、倾斜、变形、裂缝(倒塌、渗漏)等,影响工农业及居民用水及工程施工饮用水安全,易发生较大的安全和质量事故,甚至引起人员伤亡或财产损失等。施工过程经过论证不充分,若施工控制不当,易发生重大现场周边建筑,以及供水、供电、供热、供气、通信等地下管线等行业相关风险。施工期间采取针对性有效的施工方案并严格执行有关行业相关规定,可在一定程度上避免工程风险的发生。项目建设期和建成后如不加强管理,建立管理制度,落实责任,强化执行力度,其相应的社会稳定风险将难以减少、降低和消除
		25	劳动用工(合同、薪酬、劳动保护、劳动者权益等)	建设过程中的劳动用工是否规范,各项制度是否完善,是否保障劳动者权益等	否	项目法人为中俄合资公司,建设过程中的劳动用工能够规范,各项制度能够完善,能够保障劳动者权益等。但项目日程量长,工程量大,涉及用工多,可能在个别施工单位出现农民工欠薪问题。及时妥善解决不会影响社会稳定,此项为非主要风险因素

续表

类型	分类	序号	风险因素	评价指标	是否为主要风险因素	判别依据
工程建设风险因素	建设管理	26	组织管理(招投标、承包、采购、工期等)	建设过程中的组织管理是否规范	否	项目法人为中俄合资公司,项目建设单位选择有经验大型企业施工,建设过程中的组织管理能够规范,此项为非主要风险因素
与社会互适性风险因素	经济利益	27	生产经营、劳动就业	因项目实施导致生活经营场所或其他必要条件如水电气供应中断等无法正常运转,需要关停、迁址,以及就业岗位减少等	是	项目建设关乎界江航运业的未来走向,关乎黑河港等航运企业生产经营和职工的劳动就业问题。相关政府部门如不制定妥善的解决办法,可能产生社会稳定风险。建桥后由于桥梁占一定距离的禁渔江段,对长发屯有捕捞证的13户渔民生产将产生一定影响,如不能与渔政、渔民等有关部门和人员进行沟通,制定妥善的办法,可能产生社会稳定风险
		28	生活成本	致使当地物价水平上升	否	不会使当地物价水平明显上升
		29	收入影响	就业机会之外,如餐饮、零售、住宿、房屋租赁等收益减少	否	此项为非主要风险因素
		30	利益分配	补偿、收益分配的科学、合理性	否	补偿、收益分配可以做到科学、合理性

续表

类型	分类	序号	风险因素	评价指标	是否为主要风险因素	判别依据
	经济利益	31	对周边房价的影响	项目建设内容（特别是敏感建筑）对周边地块房价的影响	否	项目建设内容（特别是敏感建筑）对周边地块房价不会带来不利影响
与社会互适性风险因素	社会环境	32	传统文化、生活习惯	地方传统文化、邻里关系、生活习惯、社区品质等方面的改变，可能引起居民的不适	否	地方传统文化、邻里关系、生活习惯、社区品质等方面发生改变，可能引起居民的不适，但随着生产安置和搬迁安置条件的改善，影响将逐步减小。此项为非主要风险因素
		33	交通出行	交通路网变化、交通量增加、公交站点、线路布局、停车场布置等交通出行方面的影响	是	施工期间，增加当地道路的交通流量，对交通影响较大，临时占地恢复不好，影响农民种和出行。损毁农村道路不能及时恢复，农民怨言较大
		34	公共配套服务	医疗、教育、养老、购物、环卫、社区服务、宗教活动等服务质量下降或缺失	否	医疗、教育、养老、购物、环卫、社区服务、宗教活动等服务质量不会下降或缺失
		35	水、电、通信等管线基础设施	是否会因管线意外破坏、迁移造成暂时或长期的影响	否	因水、电、通信等管线基础设施意外破坏、迁移造成暂时或长期的影响一般，此项为非主要风险因素。

续表

类型	分类	序号	风险因素	评价指标	是否为主要风险因素	判别依据
社会互适性风险因素	与社会环境因素	36	社会治安	外来务工人员、流动人口增加，环境变化等对社会秩序、治安等带来的影响	否	施工期外来人员涌入、管理得当，与当地居民产生冲突的风险很小
		37	社会舆论与社会包容	项目建设是否会带来负面社会舆论，是否为社会各界所包容，是否超越地方政府财力和承受能力，是否为人民群众所接受	是	项目建设基本为社会各界所包容，不超出地方政府财力和承受能力，基本为人民群众所接受。但项目申报部分媒体和网络舆论质疑，已引发部分媒体和网络舆论质疑。类似项目同江一下列宁阔那铁路界河桥工程于2014年2月26日开工奠基后至今，中方已完成70%工程量，联检设施中方已完成总造价的65%，但俄方工程至今尚未动工，也已引发部分媒体和网络舆论质疑
其他	不可预见社会稳定风险	38	不可预见社会稳定风险	贫富差距较大，社会深层次矛盾日益凸显，社会治安形势较严峻，仇富、仇权的社会心态，非传统安全危机	是	形成新的"灾害链"聚集效应和放大效应，诱发和放大为社会危机

（2）主要风险因素识别评估调整。

《风险分析报告》中识别拟建项目的主要风险因素有14个，本次评估经讨论和论证后对《风险分析报告》中主要风险因素识别进行了评估调整，调整后的主要风险因素为14个。经评估调整形成风险因素识别评估调整对照表，如表3-2所示。

表3-2　风险因素识别评估调整对照表

序号	《风险分析报告》识别的风险因素	本次评估调整的风险因素	备注
1	规划审批方面的风险	立项审批程序	保留、完善
2	征地与拆迁方面的风险	补偿标准	拆分、完善
3		安置方案	
4		征用范围	
5		资金到位	
6	工程技术方案方面的风险	技术经济方案	保留、完善
7	生态环境影响方面的风险	水体污染	保留、完善
8	文明施工和质量管理风险	质量安全	保留、完善
9	媒体舆论方面的风险因素	社会舆论	保留、完善
10	资金筹措和保障风险		取消
11		俄方政策	增加
12		公共安全	增加
13		交通出行	增加
14		生产经营与劳动就业	增加
15		不可预见社会稳定风险	增加

表3-3汇总列出了评估识别拟建项目存在的14个主要风险因素。

表3-3　评估后主要风险因素识别表

序号	风险类型	发生阶段	风险因素	备注
1	工程风险因素	决策	俄方政策	短期影响
2	工程风险因素	决策	立项审批程序	短期影响
3	工程风险因素	决策准备实施	征用范围	短期影响
4	工程风险因素	决策准备实施	补偿标准	短期影响
5	工程风险因素	实施	安置方案	短期影响
6	工程风险因素	实施	资金到位	短期影响
7	工程风险因素	实施运行	水体污染	长期影响

序号	风险类型	发生阶段	风险因素	备注
8	工程风险因素	决策准备实施运行	技术经济方案	长期影响
9	工程风险因素	实施运行	公共安全	长期影响
10	工程风险因素	实施	质量安全	长期影响
11	与社会互适性风险因素	实施	生产经营与劳动就业	长期影响
12	与社会互适性风险因素	实施运行	交通出行	短期影响
13	与社会互适性风险因素	决策准备实施运行	社会舆论	长期影响
14	其他	决策准备实施运行	不可预见社会稳定风险	长期影响

评估认为，俄方政策、补偿标准、水体污染、生产经营与劳动就业、社会舆论等5个风险因素是拟建项目的关键性风险因素。

3.2.2.2　风险估计评估

（1）对《风险分析报告》中风险估计的评估。

风险估计方法的适用性：评估认为，《风险分析报告》中采用的风险估计方法基本正确，基本适用于拟建项目的社会稳定风险分析。

风险估计内容的完备性：评估认为，《风险分析报告》中风险估计内容较完备，风险估计基本符合《关于印发〈重大固定资产投资项目社会稳定风险分析篇章和评估报告编制大纲（试行）〉的通知》（发改办投资〔2013〕428号）要求。

风险估计的客观性：评估认为，《风险分析报告》中预测估计的部分单因素风险程度偏低。

（2）社会稳定单因素风险分析和估计。

根据国家发展和改革委员会《关于印发〈重大固定资产投资项目社会稳定风险分析篇章和评估报告编制大纲（试行）〉的通知》（发改办投资〔2013〕428号）要求，对评估筛选和归纳出的主要单因素风险，采用定性与定量相结合的方法进行分析和描述，按下述参考标准对识别出的主要风险因素的风险概率、影响程度、风险程度进行分析和估计。

风险发生的可能性一般采用定性和定量相结合的方法，逐一对风险因素进行多维分析，估计其发生的概率和影响程度。分析可能产生风险的项目阶段、地域、群体，以及形成风险的成因、影响表现、风险分布、影响程度等。单因素风险分析，按照风险因素发生的可能性，将风险发生概率划分为很高、较高、中等、较小、可忽略5档。每个单因素的风险程度可划分为重大、较大、一般、较小和微小等5个等级。

风险概率（p）：按照风险因素发生的可能性将风险概率划分为5个档次，很高（概率在81%~100%）、较高（概率在61%~80%）、中等（概率在41%~60%）、较低（概率在21%~40%）、很低（概率0~20%），可依据经验或预测进行确定。单因素风险影响概率评判参考标准见表3-4。

表3-4 单因素风险影响概率评判参考标准（p）

等级	定量评判标准	定性评判标准	表示
很高	81%~100%	几乎确定	S
较高	61%~80%	很有可能发生	H
中等	41%~60%	有可能发生	M
较低	21%~40%	发生的可能性较小	L
很低	0~20%	发生的可能性很小,几乎不可能	N

影响程度（q）：按照风险发生后对项目的影响大小，划分为5个影响等级，严重（定量判断标准81%~100%）、较大（定量判断标准61%~80%）、中等（定量判断标准41%~60%）、较小（定量判断标准21%~40%）、可忽略（定量判断标准0~20%）。单因素风险风险影响程度评判参考标准见表3-5。

表3-5 单因素风险影响程度评判参考标准（q）

等级	定量评判标准	影响程度	表示
严重	81%~100%	在全省或者更大的范围内造成一定的负面影响(社会稳定、形象方面),需要长时间的努力才能消除,且付出巨大代价	S
较大	61%~80%	在全省造成一定的影响(社会稳定、形象方面),需要较长时间才能消除,且付出较大代价	H
中等	41%~60%	在全省造成一定的影响(社会稳定、形象方面),需要一定时间才能消除,且付出一定代价	M
较小	21%~40%	在当地造成一定的影响(社会稳定、形象方面),但可在短期内消除	L
可忽略	0~20%	在当地造成很小影响,可自行消除	N

风险程度（R）：可分为重大（定量判断标准为：$R=p \times q > 0.64$）、较大（定量判断标准为：$0.64 \geqslant R=p \times q > 0.36$）、一般（定量判断标准为 $0.36 \geqslant R=p \times q > 0.16$）、较小（定量判断标准为：$0.16 \geqslant R=p \times q > 0.04$）和微小（定量判断标准

为：$0.04 \geqslant R=p \times q \geqslant 0$）5个等级，可以参考风险概率—影响矩阵进行估计。单因素风险等级评判参考标准见表3-6。

表3-6　单因素风险等级评判参考标准（R）

等级	定量评判标准	影响程度	表示
重大风险	$R=p \times q > 64\%$	可能性很大,社会影响和损失大,影响和损失不可接受,必须采取积极有效的防范化解措施	S
较大风险	$R=p \times q > 36\%$	可能性较大,社会影响和损失较大,影响和损失可以接受,需采取一定的防范化解措施	H
一般风险	$R=p \times q > 16\%$	可能性不大,或社会影响和损失不大,一般不影响项目的可行性,应采取一定的防范化解措施	M
较小风险	$R=p \times q > 4\%$	可能性较小,或者社会影响和损失较小,不影响项目的可行性	L
微小风险	$R=p \times q \geqslant 0\%$	可能性很小且社会影响和损失很小,对项目的影响很小	N

根据风险概率、影响程度、风险等级对应的概率，做出风险概率—影响程度—风险等级判断矩阵，见表3-7。

表3-7　风险概率—影响程度—风险等级判断矩阵

发生概率(p) / 影响程度(q)	N (0~20%)	L (21%~40%)	M (41%~60%)	H (61%~80%)	S (81%~100%)
N (0~20%)	N 0.00%~4.00%	0.00%~8.00%	0.00%~12.00%	0.00%~16.00%	0.00%~20.00%
L (21%~40%)	0.00%~8.00%	L 4.41%~16.00%	L 8.61%~24.00%	L 12.81%~32.00%	L 17.01%~40.00%
M (41%~60%)	0.00%~12.00%	L 8.61%~24.00%	M 16.81%~36.00%	M 25.01%~48.00%	M 33.21%~60.00%
H (61%~80%)	0.00%~16.00%	L 12.81%~32.00%	M 25.01%~48.00%	H 37.21%~64.00%	H 49.41%~80.00%
S (81%~100%)	0.00%~20.00%	L 17.01%~40.00%	M 33.21%~60.00%	H 49.41%~80.00%	S 65.61%~100.00%

①俄方政策风险因素分析和风险程度估计。

a.风险性质特征。拟建项目是否符合俄方政策、总体规划、专业规划、行业准入的要求，是否符合俄方地区规划和发展状况，是否符合俄方大多数人的利益。

b.风险未来变化趋势及可能造成的影响后果分析。鉴于项目申报周期长，自1995年中俄双方签署《建桥协定》以来，已历经20余年，大桥前期工作因俄方原因曾于1999年和2005年两度停滞，这期间发生很多变数，使大桥的建设一拖再拖，一座跨国大桥的建设历经20余年，在国际合作中，这种现象并不多见，这次能否顺利完成，有关细节工作还需进一步完善；同类项目存在风险：同类项目中俄同江—下列宁斯阔耶铁路界河桥于2014年2月26日开工奠基后至今，中方已完成70%工程量，联检设施中方已完成总造价的65%，但俄方工程至今尚未动工，如果一旦形成断桥现象，不仅影响到经贸合作，对其他领域也会产生一定的影响，如何事先预判拟建项目风险，防止出现建桥时间不同步的现象，需要认真考虑；阻碍建桥的原因依然存在：阻碍建桥的原因很多，但是根本原因还在于高层，国家的意志任何人都无法撼动，现在建最好，但缓建或者拖着不建这个风险依然存在；俄罗斯目前经济形势恶化：自乌克兰危机以来，俄罗斯经济形势不断恶化，尤其2016年伊始，国家石油价格突破30美元，俄罗斯经济雪上加霜，在这种情况下，俄罗斯是否有能力和意愿建设跨境界桥，不确定性依然存在；中俄贸易额下滑对建桥不利：2015年中俄贸易大幅度下滑，黑龙江省对俄贸易2015年前三季度下滑51%，下降幅度超过2009年世界金融危机时期，长期困扰中俄经贸合作的问题一直得不到解决，黑龙江省对俄贸易额偏低，这也是俄罗斯长期以来总是推迟建桥的原因之一，如果黑龙江省对俄贸易得不到根本的改善，将可能影响大桥的建设和未来的使用；货运量不足的问题依然存在：即使2014年最好时期，黑龙江省对俄货运量近$1000×10^4t$，只相当于满洲里口岸1/3左右，而且80%以上集中在绥芬河口岸，其他口岸半年用、半年闲，因此，大桥建设后将形成西有黑河大桥、东有同江大桥，货运量不足问题以及资金回收时间过长的问题将长期存在；中俄目前缺少大项目合作支撑：除了能源项目之外，中俄大项目合作不多，黑龙江省对俄合作20多年，大项目合作取得了很大的成绩，但还需加大投资力度，还要增加国企和央企的投资，改善贸易主体的结构，如果没有大项目支撑，大桥的建设将失去支撑的基础，这方面也存在变数。

因此，拟建项目存在俄方政策变化风险。

c.风险程度估计。经定性分析风险因素的性质特征、未来变化趋势及对社会稳定可能造成的影响后果，并参考专家对主要单因素风险的风险概率、影响程度、风险程度的定量预测结果，确定拟建项目俄方政策风险因素的概率中等，影响程度较大，风险程度较大。

②立项审批程序风险因素分析和风险程度估计。

a.风险性质特征。拟建项目前期审批环节决策权限、范围、内容合法性、立项程序是否符合相关要求。

b.风险未来变化趋势及可能造成的影响后果分析。项目已经取得了规划选址、建设用地预审、环境影响评价、压覆矿产资源、地灾危险性评估、地震安全性评价等国家级及其他不同行政级别主管部门的支持性文件，决策权限、范围、内容合法性、立项程序基本符合相关要求。

项目单位正在组织及配合相关部门开展并履行通航安全影响评价、防洪评价、水土保持方案、文物调查勘探等支持性文件的批复前工作，至今尚未取得相关批复文件。

项目已经取得的压覆矿产资源、地灾危险性评估、地震安全性评价时间较早，需相关审批部门确认时效性。

c.风险程度估计。经定性分析风险因素的性质特征、未来变化趋势及对社会稳定可能造成的影响后果，并参考专家对主要单因素风险的风险概率、影响程度、风险程度的定量预测结果，确定拟建项目立项审批程序风险因素的概率较低，影响程度较小，风险程度较小。

③征地拆迁补偿标准、征用范围、安置方案、资金到位风险因素分析和风险程度估计。

a.风险性质特征。拟建项目征地拆迁补偿标准、征用范围、安置方案、资金到位情况是否合理，是否兼顾了群众的现实利益和长远利益，是否会导致发生集体上访事件，是否会发生恶性事件，是否会引起社会的不安定、不和谐。

b.风险未来变化趋势及可能造成的影响后果分析。符合《黑龙江省土地利用总体规划（2006—2020年）》；已取得国土资源部《关于黑河（中国）—布拉戈维申斯克（俄罗斯）黑龙江（阿穆尔河）界河桥建设用地预审意见的复函》（国土资预审字〔2015〕219号），符合国家产业政策和供地政策，用地标准和总规模符合有关规定。征地拆迁范围划定基本合理、可行，但存在部分土地征用后剩余边角土地无法耕种或耕种不便现象，以及少征多占现象，部分农民、基层组织怨言较大。

该项目拟按黑龙江省人民政府《黑龙江省人民政府关于印发〈黑龙江省征地区片综合地价实施办法〉的通知》（黑政发〔2014〕34号）中"区片价"补偿标准进行补偿，按评估价格进行房屋拆迁补偿。部分地方政府、基层组织及农民反映补偿标准偏低，且存在"土地不同价"情况。

存在补偿方案与补偿程序制定，养老、医疗保障方案、就业培训计划落实的风险。征地拆迁安置方案能否满足群众诉求风险。农民普遍要求补偿安置方案应公开、公平、公正、合理，如不能做到，存在一定的社会稳定风险。

补偿安置资金涉及人员广、程序多、管理难度大，可能滋生腐败、挪用、发放滞后等风险，项目处于准备期，补偿安置资金管理制度尚未建立，增大风险发生概率。部分基层组织及农民反映类似项目存在施工补偿资金迟迟不能发放到位问题。

c.风险程度估计。经定性分析风险因素的性质特征、未来变化趋势及对社会稳定可能造成的影响后果，并参考专家对主要单因素风险的风险概率、影响程度、风险程度的定量预测结果，确定拟建项目征地拆迁征用范围风险因素发生的概率中等，影响程度中等，风险程度一般；补偿标准风险因素发生的概率较高，影响程度中等，风险程度较大；补偿安置方案风险因素发生的概率中等，影响程度中等，风险程度一般；资金到位风险因素发生的概率中等，影响程度中等，风险程度一般。

④环境影响风险因素分析和风险程度估计。

a.风险性质特征。拟建项目施工及运营期的环境是否能达到国家规定标准，是否会产生扰民现象，是否会产生集体上访事件。

b.风险未来变化趋势及可能造成的影响后果分析。拟建项目不利影响主要是工程施工对生态环境的影响及运营期可能发生的环境风险，只要采取相应的预防措施后，各类污染物均可达标排放，可使各种不利影响得到较大程度上的减免。项目对环境的负面影响是拟建大桥跨越黑龙江，施工期正常排放产生水体污染的风险；施工期事故排放产生水体污染的风险；施工期废水排放产生水体污染的风险；桥梁工程运营后由于车流量大、车速高，存在发生事故的可能，一旦发生运输事故，若有毒有害化学品在此路段发生泄漏事故，将直接污染黑龙江水环境，也可能直接对黑龙江水生生态环境、居民健康、生命安全构成严重威胁。若有易燃易爆危险品事故发生，会对黑龙江水环境造成污染、造成财产损失和人身伤亡。上述风险一旦发生无法及时预警或解决，引发上访或伴生出社会矛盾的风险，且黑龙江为界河，处置不当可能影响中俄两国关系。

c.风险程度估计。经定性分析风险因素的性质特征、未来变化趋势及对社会稳定可能造成的影响后果，并参考专家对主要单因素风险的风险概率、影响程度、风险程度的定量预测结果，确定拟建项目环境影响风险因素发生的概率中等，影响程度较大，风险程度较大。

⑤技术经济方案风险因素分析和风险程度估计。

a.风险性质特征。伴随工程安全、环境影响方面的风险是否得到有效控制，群众是否接受。拟建项目保障安全生产的技术经济方案是否成熟可靠，是否能得到有效执行。

b.风险未来变化趋势及可能造成的影响后果分析。项目技术经济方案风险主要是从路线走向、技术标准是否符合相关标准规范，工程建设方案是否合理，是否经过充分的技术论证，是否为当地的社会环境所接纳，是否得到受影响较大的单位、居民、其他社会组织的支持。

拟建项目线位的敷设与国道公路网总体规划相协调，符合项目沿线城镇总体规划，技术标准选择合理，大桥选址方案已经中俄双方确认，路线走廊带唯一，设计方案较合理，建设规模和技术经济指标基本合适。

但黑龙江省公路勘察设计院出版的《黑河（中国）—布拉戈维申斯克（俄罗斯）黑龙江（阿穆尔河）界河桥工程可行性研究报告》（2015年12月版）尚未经过工程咨询单位的评估论证，航运安全和防洪影响尚未取得相关部门批复，设计方案存在变数，调整设计将再次增加中俄磋商时间，延缓大桥前期工作进度。拟建项目交通量预测虽经中俄双方确认，但根据目前黑龙江省对俄货运量和黑河口岸实际情况，如果黑龙江省对俄货运量不能实现明显增加，黑河口岸的进出口货物结构没有重大调整，很难有过货量的大幅增加，货运量预测是否准确将影响交通量预测结果和技术标准选择，造成项目投资效益变差和投资回收时间延长。

上述结果存在伴生出社会矛盾的风险。

c.风险程度估计。经定性分析风险因素的性质特征、未来变化趋势及对社会稳定可能造成的影响后果，并参考专家对主要单因素风险的风险概率、影响程度、风险程度的定量预测结果，确定拟建项目技术经济方案风险因素发生的概率中等，影响程度中等，风险程度一般。

⑥公共安全风险因素分析和风险程度估计。

a.风险性质特征。主要评估拟建项目的安全保障措施、环保措施是否成熟，是否有具体翔实的方案、预案和完善的配套措施。

b.风险未来变化趋势及可能造成的影响后果分析。若有易燃易爆危险品事故发生，不仅会对黑龙江水环境造成污染、造成财产损失和人身伤亡，还会引起火灾及桥梁的坍塌，给当地人民的生产生活造成不利影响。一旦发生运输事故，若有毒有害化学品在此路段发生泄漏事故，将直接污染黑龙江水环境，也可能直接对居民健康、生命安全构成严重威胁。

存在运营期发生公共安全事故的风险，事故如造成伤亡，还将造成百姓的不满，引发媒体关注，甚至引发中俄两国矛盾，造成国际影响。

c.风险程度估计。经定性分析风险因素的性质特征、未来变化趋势及对社会稳定可能造成的影响后果，并参考专家对主要单因素风险的风险概率、影响程度、风险程度的定量预测结果，确定拟建项目公共安全风险因素发生的概率中等，影响程度较大，风险程度较大。

⑦质量安全风险因素分析和风险程度估计。

a.风险性质特征。拟建项目建设过程中的工程质量管理是否到位，是否存在引发质量安全事故的隐患，质量保证体系、施工技术是否成熟，是否有具体翔实的方案和完善的配套措施。

b.风险未来变化趋势及可能造成的影响后果分析。拟建项目在建设阶段采取基坑开挖、降水、打桩作业或强振动等施工方式进行工程施工过程中可能引起附近建筑物沉降、倾斜、变形、裂缝、渗漏、倒塌，影响工农业用水及居民饮用水安全，易形成社会不稳定因素。拟建项目特大桥施工工程事故风险相对较大，若施工控制不当，易发生大的安全和质量事故，甚至引起人员伤亡或财产损失等。施工方案必须经过充分论证，根据施工现场周边建筑，以及供水、供电、供热、供气、通信等地下管线设施情况，编制合理的施工方案。施工期间采取有针对性的施工方案并严格执行行业有关规范，可在一定程度上避免工程风险的发生。

项目建设期和建成后如不建立管理制度加强管理，则其相应的社会稳定风险将难以减少、降低和消除。

c.风险程度估计。经定性分析风险因素的性质特征、未来变化趋势及对社会稳定可能造成的影响后果，并参考专家对主要单因素风险的风险概率、影响程度、风险程度的定量预测结果，确定拟建项目质量安全风险因素发生的概率中等，影响程度中等，风险程度一般。

⑧生产经营与劳动就业风险因素分析和风险程度估计。

a.风险性质特征。是否会因项目实施导致生活经营场所或其他必要条件如水电气供应中断等无法正常运转，需要关停、迁址，以及就业岗位减少等。

b.风险未来变化趋势及可能造成的影响后果分析。项目建设关乎界江航运业的未来走向，关乎黑河港等航运企业生产经营和职工的劳动就业问题。相关政府部门如不制定妥善的解决办法，可能产生社会稳定风险。

建桥后为保证桥梁安全须留出一定距离的禁渔江段，对长发屯有捕捞证的13户渔民生产将产生一定影响，如不能与渔政管理部门及渔民进行有效沟通，制定妥善的办法，可能产生社会稳定风险。

c.风险程度估计。经定性分析风险因素的性质特征、未来变化趋势及对社会稳定可能造成的影响后果，并参考专家对主要单因素风险的风险概率、影响程度、风险程度的定量预测结果，确定拟建项目生产经营与劳动就业风险因素发生的概率较高，影响程度中等，风险程度较大。

⑨交通出行风险因素分析和风险程度估计。

a.风险性质特征。拟建项目实施建设过程中是否会对水、电、通信、公路、铁路等基础设施产生干扰，是否影响群众正常生产、生活出行，是否能得到大多数群众的支持和认可。

b.风险未来变化趋势及可能造成的影响后果分析。施工期间，增加当地道路的交通流量，对交通影响较大，临时占地恢复不好，影响农民耕种和出行。损毁农村道路不能及时恢复，农民怨言较大。

c.风险程度估计。经定性分析风险因素的性质特征、未来变化趋势及对社会稳定可能造成的影响后果，并参考专家对主要单因素风险的风险概率、影响程度、风险程度的定量预测结果，确定拟建项目交通出行风险因素发生的概率中等，影响程度中等，风险程度一般。

⑩社会舆论风险因素分析和风险程度估计。

a.风险性质特征。项目建设是否会带来负面社会舆论，是否为社会各界所包容，是否超越地方政府财力和承受能力，是否被人民群众所接受。

b.风险未来变化趋势及可能造成的影响后果分析。项目建设基本被社会各界所包容，不超出地方政府财力和承受能力，基本被人民群众所接受。

但项目申报时间长，已引发部分媒体和网络舆论质疑。类似项目中俄同江—下列宁斯阔耶铁路界河桥工程于2014年2月26日开工奠基后至今，中方已完成70%工程量，联检设施中方已完成总造价的65%，但俄方工程至今尚未动工，也已引发部分媒体和网络舆论质疑。

c.风险程度估计。经定性分析风险因素的性质特征、未来变化趋势及对社会稳定可能造成的影响后果，并参考专家对主要单因素风险的风险概率、影响程度、风险程度的定量预测结果，确定拟建项目社会舆论风险因素发生的概率较高，影响程度中等，风险程度较大。

⑪不可预见社会稳定风险因素分析和风险程度估计。

a.风险性质特征。拟建项目是否存在不可预见社会稳定风险。

b.风险未来变化趋势及可能造成的影响后果分析。经济高速增长的背后隐藏着种种复杂多变的不可预见社会稳定风险，可能形成新的"灾害链"聚集效应和放大效应，诱发和放大为社会危机。

c.风险程度估计。经定性分析风险因素的性质特征、未来变化趋势及对社会稳定可能造成的影响后果，并参考专家对主要单因素风险的风险概率、影响程度、风险程度的定量预测结果，确定拟建项目不可预见社会稳定风险因素发生的概率很低，影响程度较大，风险程度较小。

3.2.2.3　主要风险因素及其风险程度汇总

根据上述对识别出的主要单因素风险的风险概率、影响程度、风险程度的定性分析、定量计算，将单因素风险及其风险程度进行了汇总，见表3-8。

表3-8　经评估的主要单因素风险及其风险程度汇总表

序号	风险因素(W)	风险概率(p)	影响程度(pq)	风险程度($R=pq$)
1	俄方政策	中等	较大	较大
2	立项审批程序	较低	较小	较小
3	征用范围	中等	中等	一般
4	补偿标准	较高	中等	较大

序号	风险因素(W)	风险概率(p)	影响程度(pq)	风险程度($R=pq$)
5	安置方案	中等	中等	一般
6	资金到位	中等	中等	一般
7	水体污染	中等	较大	较大
8	技术经济方案	中等	中等	一般
9	公共安全	中等	较大	较大
10	质量安全	中等	中等	一般
11	生产经营与劳动就业	较高	中等	较大
12	交通出行	中等	中等	一般
13	社会舆论	较高	中等	较大
14	不可预见社会稳定风险	很低	较大	较小

3.2.3　风险防范和化解措施的评估

3.2.3.1　对《风险分析报告》中提出的风险防范和化解措施的评估

风险防范和化解措施的合法性：评估认为，《风险分析报告》中提出的风险防范、化解措施基本符合现行的相关政策和法规。

风险防范和化解措施的完整性：评估认为，《风险分析报告》中提出的风险防范、化解措施基本完整。建议对《风险分析报告》提出的风险防范、化解措施进一步补充完善。

风险防范和化解措施的可行性：评估认为，《风险分析报告》中提出的措施与项目特点基本相符。对提出的风险防范、化解措施应进一步明确责任主体、职责分工及时间进度安排。

3.2.3.2　经评估单位补充、优化和完善后的风险防范和化解措施

评估认为，拟建项目建设规模大、时间跨度大、社会稳定牵涉点较多，在工程建设过程中，要坚持社会稳定问题全过程动态管理，及时发现问题，采取措施。为保护人民群众利益，规范项目建设、确保项目顺利实施及运营，需对可能出现的社会稳定风险源进行有效的防范和化解，对可能存在的问题制订相关的防范解决措施，维护社会稳定。

评估建议，拟建项目所在黑河市（地区、县）委、市（区、县）政府制定拟建项目征地拆迁及生产经营与劳动就业问题维稳等工作应急预案，确定组织机构，部署相关工作。按照地方政府的部署，项目单位组建维稳工作组织机构，建立项目单位和地方政府的联动机制，制订突发事件处置应急预案。

评估认为，通过上述工作，拟建项目社会稳定风险可以得到进一步控制，相关风险防范、化解措施将进一步完善并得到落实。

结合风险识别和风险估计的评估结论，对《风险分析报告》中提出的风险防范、化解措施进行了补充、优化和完善，进一步明确责任主体等内容，编制评估后的风险防范、化解措施汇总表，如表3-9所示。

表3-9 评估后的风险防范、化解措施汇总表

序号	风险发生阶段	风险因素	主要防范、化解措施	实施时间及其要求	责任主体	协助单位
1	决策	俄方政策	落实两国元首2015年9月3日在北京会晤期间见证签署的《中华人民共和国政府与俄罗斯联邦政府关于修订1995年6月26日签署的〈中俄关于共同建设黑河—布拉戈维申斯克黑龙江(阿穆尔河)大桥的协定〉的议定书》。在《中华人民共和国与俄罗斯联邦关于全面战略协作伙伴关系新阶段的联合声明》《中华人民共和国与俄罗斯联邦关于丝绸之路经济带建设和欧亚经济联盟建设对接合作的联合声明》框架下研究交通基础设施和物流合作项目。进一步发挥中俄投资合作委员会重要平台作用，改善两国投资环境，积极拓展合作领域，加强对外贸易政策交流，提高政府审批效率。加快推进和落实在能源和资源开发、生产加工、装备制造、基础设施建设等领域的重大投资项目，利用双方互补优势，促进产能合作，持续提升两国投资合作的规模和水平。努力提升中俄两国贸易额和黑龙江省对俄阿穆尔州贸易额，研究调整黑河口岸的进出口结构，使大桥的运量有足够的保障。事先预判拟建项目风险，研究协调黑龙江(阿穆尔河)跨境索道项目建设工期，防止中俄建桥时间不同步，致使大桥不能同步建成投入使用	项目实施前	国务院交通运输部黑龙江省人民政府省交通运输厅	项目单位

续表

序号	风险发生阶段	风险因素	主要防范、化解措施	实施时间及其要求	责任主体	协助单位
2	决策	立项审批程序	该项目通航安全影响评价、防洪评价、水土保持方案、文物调查勘探尚未得到有关部门支持性文件,项目单位应配合交通运输部、水利部与松辽委、黑龙江省文化厅尽快完成支持性审批工作,并应严格按立项审批程序进行前期工作,在项目完成立项审批后方可组织开展招投标及进行施工	项目实施前	交通运输部水利部松辽委省文化厅项目单位	相关编制单位
3	决策准备实施	征用范围	对部分土地征用后剩余土地无法耕种或耕种不便现象,应深入开展对工程占地的详细调查工作,进一步详细勘察,合法合规确定占地范围;调查全过程要求地方各级人民政府及相关部门参与,做到公开透明,强化调查过程中的农民参与;严格执行相关规范,并应满足农民耕种的合理诉求或按规定加以补偿;加强调查人员培训,减少人为错误。对"少征多占"问题项目单位应加强监管	启动征地前	项目单位	沿线乡镇人民政府及其有关部门、设计单位
4	决策准备实施	补偿标准	为有效化解矛盾,降低社会稳定风险,按照国家和省有关法律、政策及规定,拟建项目征地的补偿标准按照启动征地阶段的国家和省有关规定执行,并应保证不降低被征地农民原有生活水平。拆迁房屋应按有关地方拆迁管理办法及市场评估价格进行赔偿。加大宣传力度,做好与农民代表的沟通工作,争取群众理解和支持,妥善对待上访户和处理上访事件。加强领导,指派专人做好政策宣传解释及沟通工作	启动征地拆迁前	沿线市、区、县及乡镇人民政府及其有关部门	项目单位
5	实施	安置方案	执行国家相关文件中有关补偿、安置规定。要根据国家和省有关法律、法规及规定,认真做好征地补偿安置的前期工作,合理、足额确定补偿安置资金,并将其纳入工程项目投资中,合理确定被征地农民安置途径,明确就业、住房、社会保障等措施,保证被征地农民原有生活水平不降低,长远生计有保障,切实维护被征地农民的合法权益。失地农民生产、生活恢复方面,要落实培训计划,对失地农民提供技能培训,提高劳动技能水平,落实培训资金,增强其谋生手段。吸取漠大线经验教训,建立完善的资金管理办法,严防安置资金被截留、挤占挪用或不及时发放;成立专门补偿安置管理部门	启动征占地拆迁前	沿线市、区、县及乡镇人民政府及其有关部门项目单位	设计单位

序号	风险发生阶段	风险因素	主要防范、化解措施	实施时间及其要求	责任主体	协助单位
6	实施	资金到位	按照征地补偿、安置和工程建设需要,制订资金落实计划,及时收取补偿资金,按时保证资金足额落实并发放到位,确定工程建设顺利进行	项目实施全过程	沿线市、区、县及乡镇人民政府及其有关部门项目单位	项目单位
7	实施运行	水体污染	项目建设中各类施工活动要严格落实批复的环境影响评价报告和环评批复中提出的各项防治措施,做好对水体污染的防护工作。加强大桥交通管理,防止交通安全事故发生;同时大桥运营养护单位和地方环境应急部门应密切配合,做好应急准备工作,一旦发生事故,应立即启动事故应急预案,将事故影响降至最低,并在大桥下游特别是河流交汇口及取水口加强应急设施,一旦发生泄漏污染事故,应采取有效的防污染措施,切断污染源、泄漏对地下水和土壤的影响	施工期和运营期	项目单位施工单位运营单位	沿线市、区、县及乡镇人民政府及其环保等有关部门,设计、施工单位
8	决策准备实施运行	技术经济方案	设计路线走向、技术标准应符合相关标准规范,并应充分考虑施工安全,以及运营管理与维抢修的需要。尽快组织评估论证,取得航运安全和防洪影响相关批复,落实设计方案,保证设计工作进度。降低货运量预测和交通量预测误差,使技术标准选择、投资效益和投资回收时间更符合实际需求。 应优化建设方案,采取必要的工程技术措施防止泄漏事故发生,设置齐全合理的警示标识,保证运营安全,加强与规划、国土、环保、交通、林业、水务、文化、海关、进出口检验检疫、军区、边防、边检、口岸、外事、海事、航务、航道等部门联系,设计落实相关管理要求。依照现行《中华人民共和国公路法》等国家法律、法规、规章、标准、规范等制定设计、施工方案,完善环境保护方案	项目实施全过程	项目单位设计单位	施工、监理单位

序号	风险发生阶段	风险因素	主要防范、化解措施	实施时间及其要求	责任主体	协助单位
9	实施运行	公共安全	严格落实批复的环境影响评价报告和环评批复中提出的各项防治措施,做好对水体污染的防护工作。优化设计方案,在路线选择上,应尽可能绕避城镇和村屯人口集中区以及复杂地质段,如不能避绕,应与城镇及村屯相关管理部门进行对接,做好安全防护预案,加强安全管理;对于必须通过的不良工程地质段,根据不良工程地质的类型采取相应的措施;按照相关标准规范确定设计参数,减少事故泄漏量。对设计、施工和运行提出严格要求,降低火灾爆炸、泄漏等事故污染地表水的概率。严格按规范施工保证施工质量。在大桥的运营过程中应加强安全管理,防止事故发生,运营养护部门应按有关规范进行维抢修;同时各有关单位、维抢修单位和地方环境应急部门应按国家有关规定制定应急预案,密切配合,做好事故控制准备工作,一旦发生事故,应立即启动事故应急预案,将事故影响降至最低。各有关单位及安全监管部门应严格履行监管职责。应加强外部联系,积极与地方环保部门、公安部门和安全保卫部门紧密结合,避免第三方对大桥的破坏,保障运行安全;并以地方医疗、消防、社会保障系统为依托,建立健全应急保障系统。加强养护和日常管理,建立健全应急制度,严格治理超载超限,加大监管部门执行力度	施工期和运营期	项目单位设计单位施工单位运营单位	沿线市、区、县及乡镇、村屯人民政府及安全监管等有关部门
10	实施	质量安全	按相关规范进行设计和施工,严格保证施工质量,以不对农民生产生活产生不良影响为标准进行施工和组织验收。各单位加强施工质量管理,避免质量安全事故发生,全力抓好安全环保工作,提高管道安全高效运行水平。全面加强安全环保基础工作,深入实施质量管理,提升整体水平。突出现场监管,强化工序控制,制定详细的控制点和检查频次,对发现的质量安全问题实行闭环管理,实现风险的超前防范	施工期和运营期	项目单位施工单位	设计、监理单位

序号	风险发生阶段	风险因素	主要防范、化解措施	实施时间及其要求	责任主体	协助单位
11	实施	生产经营与劳动就业	有关政府及主管部门应科学合理制定生产经营与劳动就业受影响企业和人员的安置办法,落实安置工作。建议: (1)科学合理定位黑河港及区域航运企业发展方向,坚定界江航运业向前发展思想,鼓励企业调整现有产业结构,搭建口岸大交通平台,将新港区建设同步考虑建在桥头的附近,实现公、铁、水三种运输方式互补、互促。 (2)促进国有航运企业转型发展,交由黑河港对大桥及桥头区部分资产及业务的管理权限,分流人员,弥补水运损失。 (3)特批大桥客货运输资质,特许水运企业转型陆路运输,安置企业职工,从根本上保持社会稳定。 (4)对长发屯有捕捞证的13户渔民生产产生一定影响,应及时与渔政、渔民等有关部门和人员进行沟通,制定妥善的安置和解决办法	运营期	黑龙江省人民政府省交通运输厅黑河市人民政府	项目单位
12	实施运行	交通出行	提高桥涵及交叉工程设计质量,保证项目施工及运营后交通出行方便。做好施工期间道路交通流量引导工作,加强管理,减少扰民,对交通运输产生破坏的农村道路应及时给予恢复原状。对临时占地影响农民耕种和出行问题应负责给予平整或给予适当补偿	施工期和运营期	项目单位施工单位	设计、监理单位
13	决策准备实施运行	社会舆论	对舆论宣传的方式、尺度等进一步分析,提出防范风险措施。同时政府要加强与公众的沟通交流和宣传解释工作,做好公众心理疏导工作,并引导媒体发表正确舆论	施工期和运营期	项目单位	沿线市、区、县及乡镇、村屯人民政府及基层组织
14	决策准备实施运行	不可预见社会稳定风险	对于不可预见的社会稳定风险,有关单位要指定机构和人员,掌握相关信息,及时发现和解决苗头性和倾向性问题,防止苗头性和倾向性问题演变成趋势性问题,化解相关风险,切实维护社会稳定	项目实施运行全过程	沿线市、区、县及乡镇人民政府及其有关部门	项目单位

3.2.4　落实措施后的风险等级确定

3.2.4.1　对《风险分析报告》中风险等级判断的评估

（1）《风险分析报告》中采取措施后的各风险因素变化分析基本得当，但定量评分不尽合理。

（2）《风险分析报告》中采用的风险等级评判方法、评判标准的选择运用较恰当，评判为低风险的结果较合理。

3.2.4.2　落实措施后拟建项目各单因素风险变化的趋势和结果

结合补充的单因素风险，以及上述评估论证的结果，预测在落实措施后各主要风险因素变化的趋势和结果，见表3-10。

表3-10　落实措施前后各风险因素变化对比表

序号	风险因素(W)	风险概率		影响程度		风险程度	
		前	后	前	后	前	后
1	俄方政策	中等	中等	较大	较大	较大	较大
2	立项审批程序	较低	较低	较小	较小	较小	较小
3	征用范围	中等	较低	中等	较小	一般	较小
4	补偿标准	较高	一般	中等	中等	较大	一般
5	安置方案	中等	较低	中等	较小	一般	较小
6	资金到位	中等	较低	中等	较小	一般	较小
7	水体污染	中等	较低	较大	中等	较大	一般
8	技术经济方案	中等	较低	中等	较小	一般	较小
9	公共安全	中等	较低	较大	中等	较大	较小
10	质量安全	中等	较低	中等	较小	一般	较小
11	生产经营与劳动就业	较高	一般	中等	中等	较大	一般
12	交通出行	中等	较低	中等	较小	一般	较小
13	社会舆论	较高	一般	中等	中等	较大	一般
14	不可预见社会稳定风险	很低	很低	较大	较大	较小	较小

3.2.4.3　落实措施后拟建项目综合风险指数计算

在进行单因素风险估计的基础上，运用专家评分统计法等适当的方法确定各单因素风险在拟建项目整体风险中的权重和风险程度值，采用综合风险指数法定量计算项目综合风险指数。拟建项目综合风险指数计算结果见表3-11。

表3-11 拟建项目综合风险指数计算表

风险因素(W)	权重(I)	风险程度(R)					风险指数 (T=I×R)
		微小	较小	一般	较大	重大	
		0.04	0.16	0.36	0.64	1.00	
俄方政策	0.20				0.64		0.1280
立项审批程序	0.05		0.16				0.0080
征用范围	0.05		0.16				0.0080
补偿标准	0.10			0.36			0.0360
安置方案	0.05		0.16				0.0080
资金到位	0.05		0.16				0.0080
水体污染	0.05			0.36			0.0080
技术经济方案	0.05		0.16				0.0180
公共安全	0.05		0.16				0.0080
质量安全	0.05		0.16				0.0080
生产经营与劳动就业	0.15			0.36			0.0540
交通出行	0.05		0.16				0.0080
社会舆论	0.05			0.36			0.0180
不可预见社会稳定风险	0.05		0.16				0.0080
	1.00						0.3260

注：风险因素权重作归一化处理。

3.2.4.4 落实措施后拟建项目预期风险等级判断

本次评估采用的社会稳定风险等级评判参考标准见表3-12。

表3-12 拟建项目社会稳定风险等级评判参考标准

风险等级	高 (重大负面影响)	中 (较大负面影响)	低 (一般负面影响)
总体评判标准	大部分群众对项目建设实施有意见、反应特别强烈,可能引发大规模群体性事件	部分群众对项目建设实施有意见、反应强烈,可能引发矛盾冲突	多数群众理解支持,但少部分群众对项目建设实施有意见
单因素风险程度评判标准	2个及以上重大或5个及以上较大单因素风险	1个重大或2~4个较大单因素风险	1个较大或1~4个一般单因素风险
综合风险指数评判标准	>0.64	0.36~0.64	<0.36

风险等级	高 （重大负面影响）	中 （较大负面影响）	低 （一般负面影响）
调查结果评判标准	采用面向特定对象征求意见的方式，征求意见结果中明确反对者超过33%	采用面向特定对象征求意见的方式，征求意见结果中明确反对者占10%~33%	采用面向特定对象征求意见的方式，征求意见结果中明确反对者低于10%
风险事件参与人数评判标准	单次事件参与人数达到200人以上	单次事件参与人数在20人到200人之间	单次事件参与人数不足20人
可能引发风险事件评判标准	如冲击、围攻党政机关、要害部门及重点地区、部位、场所，发生打、砸、抢、烧等集体械斗、聚众闹事、人员伤亡事件，非法集会、示威、游行，罢工、罢市、罢课等	如集体上访、请愿，发生极端个人事件，围堵施工现场，堵塞、阻断交通，媒体（网络）出现负面舆情等	如个人非正常上访，静坐、拉横幅、喊口号、散发宣传品，散布有害信息等

　　评估认为，落实措施后拟建项目预期综合风险指数为0.326<0.36，存在1个较大单因素风险（俄方政策）、4个一般单因素风险（补偿标准、水体污染、生产经营与劳动就业、社会舆论），本次评估采用面向特定对象征求意见的方式，征求意见结果中项目建设支持率100%，通过风险估计计算结果与综合风险指数评判标准的对比，确定落实措施后拟建项目预期的风险等级为低风险等级，表明项目实施过程中多数群众理解支持，但少部分群众对项目建设有意见，通过有效工作可进一步防范和化解矛盾。根据国家有关文件要求，项目存在低风险，但有可靠防控措施的，可以进行审批、核准，但应完善应急处置预案。

　　同时，还应注意到社会稳定问题的发生和发展具有很大的不确定性，在项目实施过程中，如果有关措施落后于项目建设或没有按要求实施，则发生社会不稳定风险可能性较大，反之会较低；另外，社会稳定问题的处理也是影响社会稳定数量和程度的因素之一，处理得当可以有效避免再次发生和事态扩大。

3.3　评估结论

3.3.1　拟建项目存在的主要风险因素

拟建项目存在的 14 个主要风险因素为：俄方政策、立项审批程序、征用范围、补偿标准、安置方案、资金到位、水体污染、技术经济方案、公共安全、质量安全、生产经营与劳动就业、交通出行、社会舆论、不可预见社会稳定风险因素。其中俄方政策、补偿标准、水体污染、生产经营与劳动就业、社会舆论等 5 个风险因素是拟建项目的关键性风险因素，而俄方政策变化、水体污染将对社会舆论产生影响，技术经济方案会对拟建项目征用范围、公共安全、质量安全、交通出行产生较大影响，质量安全风险会对拟建项目的水体污染环境风险产生较大影响是拟建项目的特点。

3.3.2　拟建项目合法性、合理性、可行性、可控性评估结论

3.3.2.1　合法性

拟建项目的建设实施符合现行相关法律、法规、规范以及国家相关政策；符合国家与地区国民经济和社会发展规划、产业政策等；拟建项目相关审批部门具有相应的项目审批权及在权限范围内进行审批；决策程序符合国家法律、法规、规章等相关规定。

3.3.2.2　合理性

拟建项目的实施符合科学发展观要求，符合经济社会发展规律，符合社会公共利益、人民群众的现实利益和长远利益，基本兼顾了不同利益群体的诉求，不会引发地区、行业、群体之间的相互盲目攀比；各级政府和项目单位承诺依法给予相关群众以补偿和其他救济，拟采取的措施和手段必要、适当，基本可以维护相关群众的合法权益。

3.3.2.3　可行性

拟建项目的建设时机和条件基本成熟，有具体翔实的方案和较完善的配套

措施；拟建项目实施与本地区经济社会发展水平相适应，不会超越多数群众的承受能力，能得到多数群众的支持和认可。

3.3.2.4　可控性

拟建项目建设实施存在一定公共安全隐患，但社会稳定风险防范措施执行到位后不会引发群体性事件、集体上访，不会引发社会负面舆论、恶意炒作以及其他影响社会稳定的问题；拟建项目可能引发的社会稳定风险基本可控；对可能出现的社会稳定风险有相应的防范、化解措施，措施基本可行、有效；宣传解释和舆论引导措施比较充分。

3.3.3　拟建项目的风险等级

经评估，拟建项目社会稳定风险等级综合评定为低风险。

在项目建设实施过程中多数群众理解支持，但少部分人可能对项目的建设有意见，可通过有效工作防范和化解矛盾，采取必要的防范措施减少或者避免这些社会稳定风险的发生。在严格落实相应的宣传解释、风险防范及化解措施后，项目的社会稳定风险将会得到有效控制和降低，不会影响到项目的建设实施。

社会稳定问题的发生和发展具有很大的不确定性，在项目实施过程中，如果有关防范措施落后于项目建设或没有按相应防范措施的要求实施，则发生社会不稳定风险的可能性会较大，反之会较低。社会稳定问题的处理也是影响社会稳定风险发生的数量和程度因素之一，处理得当，可以有效避免再次发生及事态扩大。项目建设的决策者、建设者和管理者都要充分认识其中的风险，高度重视，采取有力的防范措施降低社会风险，使拟建项目的建设产生更大的经济和社会效益。

目前拟建项目尚处于可行性研究阶段，项目仍存在许多不确定因素。这种不确定性涉及选址、征地拆迁、环境保护、道路及电力设施管线穿越等一系列问题。本报告中的社会稳定风险评估结论和防范措施是在依据现有资料和深度的基础上进行的分析论证。随着设计工作的深入，工程方案等其他因素的变化，可能会出现新的社会稳定风险因素，进而影响到评估结论。在项目的设计、建设及运营过程中需对社会稳定风险进行全程动态跟踪，及时发现新的社会稳定风险隐患，调整完善相应的防范措施和应急预案，更好地维护社会稳定，促进社会和谐发展。

3.3.4 拟建项目主要风险防范、化解措施

3.3.4.1 俄方政策风险防范、化解措施

落实两国元首 2015 年 9 月 3 日在北京会晤期间见证签署的《中华人民共和国政府与俄罗斯联邦政府关于修订 1995 年 6 月 26 日签署的〈中俄关于共同建设黑河—布拉戈维申斯克黑龙江（阿穆尔河）大桥的协定〉的议定书》。在《中华人民共和国与俄罗斯联邦关于全面战略协作伙伴关系新阶段的联合声明》《中华人民共和国与俄罗斯联邦关于丝绸之路经济带建设和欧亚经济联盟建设对接合作的联合声明》框架下研究交通基础设施和物流合作项目。进一步发挥中俄投资合作委员会重要的平台作用，改善两国投资环境，积极拓展合作领域，加强对外贸易政策交流，提高政府审批效率。加快推进和落实在能源和资源开发、生产加工、装备制造、基础设施建设等领域的重大投资项目，利用双方互补优势，促进产能合作，持续提升两国投资合作的规模和水平。

努力提升中俄两国贸易额和黑龙江省对俄阿穆尔州贸易额，研究调整黑河口岸的进出口结构，使大桥的运量有足够的保障。事先预判拟建项目风险，防止中俄建桥时间不同步，致使大桥不能同步建成投入使用。

3.3.4.2 立项审批程序风险防范、化解措施

该项目通航安全影响评价、防洪评价、水土保持方案、文物调查勘探尚未得到有关部门的支持性文件，项目单位应配合交通运输部、水利部与松辽委、黑龙江省文化厅尽快完成支持性文件的审批工作，并应严格按立项审批程序开展前期工作，在项目可研获得批复后方可组织开展工程招投标及进行施工。

3.3.4.3 征用范围、补偿标准、补偿安置方案、资金到位风险防范、化解措施

在征地过程中会发生部分土地征用后剩余土地无法耕种或耕种不便现象，建议深入开展对工程占地的详细调查工作，合法合规确定占地范围；在调查全过程应要求地方各级人民政府及相关部门参与，做到公开透明，并应扩大被征地农民的参与度；严格执行相关规范，并应满足农民耕种的合理诉求或按规定加以补偿；加强调查人员培训，减少人为错误。对少征多占问题项目单位应加强监管。

为有效化解矛盾，降低社会稳定风险，按照国家和省有关法律、政策及规定，拟建项目征地的补偿标准按照启动征地阶段的国家和省有关规定执行，并应保证不降低被征地农民原有生活水平。拆迁房屋应按有关地方拆迁管理办法及市场评估价格进行赔偿。加大宣传力度，做好与农民代表的沟通工作，争取群众理解和支持，妥善对待上访户和处理上访事件。加强领导，指派专人做好政策宣传解释及沟通工作。

执行国家相关文件中有关补偿、安置规定。要根据国家和省有关法律、法规及规定，认真做好征地补偿安置的前期工作，合理、足额确定补偿安置资金，并将其纳入工程项目投资中，合理确定被征地农民安置途径，明确就业、住房、社会保障等措施，保证被征地农民原有生活水平不降低，长远生计有保障，切实维护被征地农民的合法权益。失地农民生产、生活恢复方面，要落实培训计划，对失地农民提供技能培训，提高劳动技能水平，落实培训资金，增强其谋生手段。吸取漠大线经验教训，建立完善的资金管理办法，严防安置资金被截留、挤占挪用或不及时发放；成立专门补偿安置管理部门。

按照征地补偿、安置和工程建设需要，制订资金落实计划，及时收取补偿资金，按时保证资金足额落实并发放到位，确保工程建设顺利进行。

3.3.4.4　环境影响风险防范、化解措施

项目建设中各类施工活动要严格落实批复的环境影响评价报告和环评批复中提出的各项防治措施，做好对水体污染的防护工作。加强大桥交通管理，防止交通安全事故发生；同时大桥运营养护单位和地方环境应急部门应密切配合，做好应急准备工作，一旦发生事故，应立即启动事故应急预案，将事故影响降至最低，并在大桥下游特别是河流交汇口及取水口加强应急设施，一旦发生泄漏污染事故，应采取有效的防污染措施，切断污染源，减少对地下水和土壤的影响。

3.3.4.5　技术经济方案风险防范、化解措施

设计路线走向、技术标准应符合相关标准规范，并应充分考虑施工安全，以及运营管理与维抢修的需要。尽快开展对可研报告的评估论证工作，取得航运安全和防洪影响的相关批复文件，落实设计方案，保证设计工作进度。降低货运量预测和交通量预测误差，使技术标准选择、投资效益和投资回收时间更

符合实际需求。

应优化建设方案，采取必要的工程技术措施防止泄漏事故发生，设置齐全合理的警示标识，保证运营安全，加强与规划、国土、环保、交通、林业、水务、文化、海关、进出口检验检疫、军区、边防、边检、口岸、外事、海事、航务、航道等部门联系，在设计中落实相关管理部门的要求。依照现行《中华人民共和国公路法》等国家法律、法规、规章、标准、规范等制定设计、施工方案，完善环境保护方案。

3.3.4.6 公共安全风险防范、化解措施

严格落实批复的环境影响评价报告和环评批复中提出的各项防治措施，做好对水体污染的防护工作。

优化设计方案，在路线选择上，应尽可能绕避城镇及村屯人口集中区以及复杂地质段，如不能避绕，应与城镇及村屯进行对接，做好安全防护预案，加强安全管理；对于必须通过的不良工程地质段，根据不良工程地质的类型采取相应的措施；按照相关标准规范确定设计参数，减少事故泄漏量。对设计、施工和运行提出严格要求，降低火灾爆炸、泄漏等事故污染地表水的概率。严格按规范施工保证施工质量。在大桥的运营过程中应加强安全管理，防止事故发生，运营养护部门应按有关规范进行维抢修；同时各有关单位、维抢修单位和地方环境应急部门应按国家有关规定制定应急预案，密切配合，做好事故控制准备工作，一旦发生事故，应立即启动事故应急预案，将事故影响降至最低。各有关单位及安全监管部门应严格履行监管职责。应加强外部联系，积极与地方环保部门、公安部门和安全保卫部门紧密结合，避免第三方对大桥的破坏，保障运行安全；并以地方医疗、消防、社会保障系统为依托，建立健全应急保障系统。加强养护和日常管理，建立健全应急制度，严格治理超载超限，加大监管部门执行力度。

3.3.4.7 质量安全

按相关规范进行设计和施工，严格保证施工质量，以不对农民生产生活产生不良影响为标准进行施工和组织验收。各单位加强施工质量管理，避免质量安全事故发生，全力抓好安全环保工作，提高管道安全高效运行水平。全面加强安全环保基础工作，深入实施质量管理，提升整体水平。突出现场监管，强

化工序控制，制定详细的控制点和检查频次，对发现的质量安全问题实行闭环管理，实现风险的超前防范。

3.3.4.8　生产经营与劳动就业风险防范、化解措施

有关政府及主管部门应科学合理制定生产经营与劳动就业受影响企业和人员的安置办法，落实安置工作。建议：

一是科学合理定位黑河港及区域航运企业发展方向，坚定界江航运业向前发展思想，鼓励企业调整现有产业结构，搭建口岸大交通平台，将新港区建设同步考虑建在桥头的附近，实现公、铁、水三种运输方式互补、互促。

二是促进国有航运企业转型发展，交由黑河港对大桥及桥头区部分资产及业务的管理权限，分流人员，弥补水运损失。

三是特许水运企业转型陆路运输，从事大桥客货运输资质，以安置企业职工，从根本上保持社会稳定。

四是对长发屯有捕捞证的13户渔民的生产产生一定影响，应及时与渔政部门及渔民进行有效沟通，制定妥善的安置和解决办法。

3.3.4.9　交通出行风险防范、化解措施

提高桥涵及交叉工程设计质量，保证项目施工及运营后交通出行方便。做好施工期间道路交通流量引导工作，加强管理，减少扰民，对交通运输产生破坏的农村道路应及时给予恢复原状。对临时占地影响农民耕种和出行问题应负责给予平整或给予适当补偿。

3.3.4.10　社会舆论风险防范、化解措施

对舆论宣传的方式、尺度等进一步分析，提出防范风险措施。同时政府要加强与公众的沟通交流和宣传解释工作，做好公众心理疏导工作，并引导媒体发表正确舆论。

3.3.4.11　不可预见性问题社会稳定风险防范措施

针对不可预见性问题，相关单位在日常工作中，除与当地群众多沟通交流外，还应注重与当地政府有关部门进行沟通交流并互通情况，以便及时分析和预测可能出现的问题，及时采取预防及防范措施；注重观察和发现细微矛盾出现的苗头，及时采取相应措施加以解决，预防矛盾的积累和集中爆发。同时在

地方政府的领导下，根据有关规定和要求，组建专门机构，并配备相应人员，处理相关事务，化解相关风险，切实维护社会稳定。

3.3.4.12 动态跟踪及时反馈

在项目实施及运营过程中对社会稳定风险全程跟踪、动态监测和评价，不断完善和落实风险控制措施。同时采取必要的形式，不间断地收集社会公众（利益相关群体）的意见，及时发现新的社会稳定风险隐患，协调相关部门化解实施过程中遇到的矛盾和问题，调整完善防范措施和应急预案。防止因风险处理不当而引起的事件范围扩大、影响程度恶化、连带风险发生等风险升级，将风险控制在苗头阶段，做好项目社会稳定风险的全程动态跟踪、及时反馈。

3.3.5 社会稳定风险应急预案

社会稳定问题产生的根源在于工程建设和运营对群众造成的各种影响，但问题的发生又具有很大的不确定性，其表现形式也复杂多变。因此在全面落实上述措施化解风险的同时，还应制定相应的应急处置预案，以便能够及时、高效、有序地开展维稳工作，提高应急反应能力和处理突发事件的水平和能力，一旦发生影响社会稳定问题的苗头和事件时，要及时向相关部门报告并与地方政府相应的应急处置预案联动。

3.3.5.1 工作原则

社会稳定应急处置预案工作原则是重点稳控，紧急处置，职责明确，统筹配合。

3.3.5.2 组织保障

一是由沿线市、区及乡镇人民政府牵头成立社会稳定工作协调领导小组，统一管理和领导，该领导小组包括项目所在市、区人民政府，以及发改、规划、国土、环保、公安、维稳、信访、交通、林业、水务、文化、财政等相关部门，以及黑河海关、黑河市进出口检验检疫局、黑河军分区、黑河边防局、黑河边检站、黑河口岸办、黑河外事办、黑河海事局、黑河航务管理处、黑河航道局等项目运营管理等各相关单位。明确参与人员，加强领导、强化责任意识，建立高效的联动工作机制。落实维护社会稳定责任制，明确维护社会稳定工作的重点部位、重点问题。对维护社会稳定工作实行目标管理，并对各责任部门维护社会稳定工作进行考核。

二是要设立维稳工作岗位，配备专、兼职维稳工作人员，加强维稳工作人员知识技能培训，不断提高维稳接待和处置能力，引导社会稳定问题通过正常途径反映和解决。有关人员要保证24小时值班和电话畅通，随时掌握各方面信息，并保证信息能够及时上传下达。

3.3.5.3　制度保障

一是把维护社会稳定工作列入项目建设重要议事日程，定期组织召开维护社会稳定工作会议，听取有关单位社会稳定工作汇报；认真研究公众反映的新情况、新问题，分析可能出现的重大问题研究对策。

二是坚持走访调研工作制度，由群众反映变为走访，深入工程现场、社区，倾听群众意见建议，有针对性地研究和解决问题。

三是坚持信息通报、预测排查制度，对群众反映的普遍性、突出性问题，研究制定解决办法，发现群体性事件苗头，要及时就地化解。

3.3.5.4　应急措施

发现重大社会稳定问题苗头或事件时，启动应急处置预案，并展开以下工作程序：

第一，对已发生的群体性事件，相关部门要认真接待，有关人员及时赶赴现场做好耐心细致的疏导工作，防止矛盾激化。

第二，第一时间召开维护社会稳定工作会议，通报不稳定情况和处理情况，分析研究可能出现的重大问题及对策，并将不稳定情况及时向上级有关部门报告。

第三，对已发生的群体性事件，相关人员应迅速赶赴现场进行疏导劝解工作。以说服、教育、疏导为主，力争把问题解决在萌芽或初始状态。对问题复杂、规模较大的群体性事件要及时控制现场，防止矛盾激化，将由此造成的损失降低至最低程度。

第四，对已发生的社会稳定风险进行全面调查，查清事件经过、分析产生的原因和造成的损失，必要时启动问责机制。

第五，各实施主体对社会稳定风险进行细化分析，针对不同的风险制定相应的具体应急处理预案，并上报上级维稳部门。

3.3.6 建议

一是关于国外风险。鉴于拟建项目为中俄国际合作项目，大桥建设前期工作已历经近 30 年，期间国际政治经济形式及国际关系风云变幻，俄罗斯对华政策多变，项目前期工作已两度停滞，俄方政策变化导致大桥缓建的风险依然存在。项目单位更应关注国外风险，加强与外事部门的联系，做好风险预判和防范化解工作，并应加强与俄方磋商，防止中俄双方大桥建设不同步的情况发生。

二是关于国内风险。项目单位应严格按照国家相关的固定资产投资项目审批程序开展项目的前期工作，配合有关部门尽快完成通航安全影响评价、防洪评价、水土保持方案、文物调查勘探等支持性文件的审批工作，在项目获得投资管理部门的审批后方可组织开展招投标及进行施工。在征用土地、房屋、电力及通信设施拆迁工作中应严格执行国家、省及地方政府的最新相关法律、法规和政策，加强对与征地、拆迁补偿相关的法律、法规及政策的宣传工作，增加补偿款支付的监督及透明度，使补偿款及时到位，对被征收房屋价值的补偿不得低于房屋征收决定公告之日被征收房屋类似房地产的市场价格，补偿安置方案应本着不降低被征地农民和被拆迁居民原有生活水平为原则。项目单位应加强外部联系，积极与地方政府国土、房屋征收部门紧密结合，保障征地拆迁工作顺利开展，并以地方政府的社会保障系统为依托，建立健全社会保障体系。在设计阶段进一步通过优化设计方案减少征地拆迁工程量，从源头预防和减少风险。对存在的水体污染、交通出行等影响，以及工程设计、施工、管理、运营等问题，项目单位、设计单位、施工单位和运营单位应按照国家现行的有关法律、法规、规章、标准及规范的规定进行优化和强化设计、施工、管理和运营活动，同时应加强与外部的联系，与项目所在地的规划、环保、交通、航务、航道、海事、林业、水务、边防、军分区、电力、通信等部门紧密结合，做好规划衔接、环境监管、交通管理、征林、水土保持、边防、军事设施、电力电讯设施迁改等工作。对存在的公共安全隐患，项目单位、设计单位、施工单位、大桥运营及维抢修单位应按照国家的有关规定完善内部管理制度，并按照国家有关法律、法规、规章、标准、规范的规定强化执行，加强防火防爆工作，同时加强与外部联系的工作，与安监、公安等部门紧密结合，避免第三方对大桥的破坏，保障大桥运行安全，并以地方的医疗、消防、社会保障系统为依托，建立健全应急保障系统。为有效化解矛盾，降低社会稳定风险，拟建项目沿线地方政府、基层政府和基层组织应统一思想，与黑龙江省人民政府、黑河市人民政府保持步调一致，共同做好与民众的沟通、解释工作。项目沿线的土地征用（包括临时征地）和补偿、青苗补偿、施工管理及存在的生产经营与劳动就业风险等问题是拟建项目维稳工作的重点和难点，处理不当易引发群体性事件，建议项目单位设置专门部门，优化设计和施工组织，加强监管工作，并做好黑河港等受大桥运营影响的企业单位和职工的维稳工作，以防范化解可能发生的群体性事件。项目单位应结合实际情况，配合各级政府的相关部门做好社会舆论宣传工作，营造良好的舆论环境，广泛宣传相关法律、法规，增强群众的法制观念，树立自觉遵纪守法意识，同时要制定有针对性的风险防范措施，落实责任主体，建立社会稳定动态评估机制，对风险进行跟踪监控，制定风险防范预案，并与地方政府的应急预案协调联动及时排查隐患，确保项目顺利实施。项目单位与各级政府及相关部门应进一步做好公众参与工作，设置并畅通沟通渠道，及时将项目情况向各级政府、企事业单位和群众进行通报，随时听取和收集公众对拟建项目的意见，充分理解公众对生产、生活条件改变的担心，及时进行沟通和解释，积极妥善地处理好各类公众意见，避免有关纠纷事件的发生。项目单位应尽快落实项目建设资金，严防资金链断裂，并应做好因黑龙江省征地补偿区片价的调整和对项目沿线地方造成影响而增加的补偿资金预留工作。保证风险防范和化解措施的有效落实，以确保项目的顺利建设实施。

三是落实环境保护设计工作，开展环保工程招标，将环保措施纳入施工承包合同中，开展工程环境监理工作。加强施工期交通通行设计，将保证交通通行相关要求纳入招标及施工承包合同中，施工时严格执行。

参考文献

[1] 国家发展改革委"关于印发《国家发展改革委重大固定资产投资项目社会稳定风险评估暂行办法》的通知"（发改投资〔2012〕2492号）.

[2] 国家发展改革委办公厅"关于印发《重大固定资产投资项目社会稳定风险分析篇章和评估报告编制大纲（试行）》的通知"（发改办投资〔2013〕428号）.

[3] 胡象明，王锋，王丽，等.大型工程的社会稳定风险管理[M].北京：新华出版社，2013.

[4] FINSTERBUSCH K. Understanding social impacts[J]. Assessing the effects of public projects，Beverly Hills， Calif.：Sage Publications， 1980：14.

[5] Salim Momtaz. Institutionalizing social impact assessment in bangladesh resource management limitations and opportunities[J]. Environmental Impact Assessment Review，2004（25）：33-45.

[6] Kenneth Broad. The International Handbook of Social Impact Assessment： Conceptual and Methodological Advances[J]. Agricultural Systems， 2005， 83：101-111.

[7] 王朝纲，李开孟.投资项目社会评价专题讲座（十）[J].中国工程咨询，2005，53（1）：49-50.

[8] Taylor C N， Bryan C N，Good C C. Social assessment： theory， process and techniques[M]. New Zealand：Center for Resource Management， Lincoln University， 1990.

[9] 李玉琦.投资项目社会评价初识[J].石油规划设计，1995（6）：24-26.

[10] 张建军.三峡库区地质灾害防治社会效益评价框架设计[J].中国地质矿产经济，2003，1：17-21.

[11] 罗时磊，李西亚.投资项目社会评价若干问题的思考[J].煤炭工程，2005（5）：77-79.

[12] 陈阿江.社会评价：社会学在项目中的应用[J].学海，2002（6）：81-85.

[13] 高玉英，靳文欣.投资项目社会评价的主要内容和方法[J].内蒙古科技与经济，2006（12）：26.

[14] 楼惠新.论农业项目的社会评价理论与方法[J].中国农业资源与区划，2001，22（2）：28-29.

[15] 赵玉生.公路工程项目社会影响评价的探讨[J].山西交通科技，2002（5）：21-23.

[16] 陈静.建立社会稳定风险评估机制探析[J].社会保障研究，2010（3）：97-102.

[17] 杨雄，刘程.加强重大项目社会稳定风险评估刻不容缓[J].探索与争鸣，2010（10）：32-36.

[18] 吴智文，郑伯范，黄银安.建立重大事项社会稳定风险评估制度的思考[J].消费导刊，2009（8）：99-100.

[19] 张玉磊，徐贵权.重大事项社会稳定风险评估制度研究——"淮安模式"的经验与启示[J].中国人民公安大学学报（社会科学版），2010（3）：101-105

[20] 中共浙江省委政法委员会课题组.重大事项社会稳定风险评估机制的实践探索与研究[J].浙江警察学院学报，2010（1）：22-25.